현대 무용의 역사

HISTORY OF MODERN DANCE

저자 박혜란

머리말

이 책은 무용학 전공자들의 전문 지식의 폭을 넓히기 위한 대학 수준의 현대무용학 교재이다.

책의 내용은 우선, 현대무용의 역사를 체계적으로 다루고자 첫째, 현대무용에 대한 정의 둘째, 현대무용의 개척자들 둘째, 포스트 모던 댄스와 주요 인물들 넷째. 컨탬포러리 댄스와 주요 인물들 다섯째, 모더니즘 이후의 무용론 여섯째, 신체의 위상 등 현대무용의 사적 의의를 각 시대적, 예술적 경향을 반영할 수 있는 주요 안무가, 무용가 중심으로 전개하였다.

특히 이 책의 저술에 있어 무용의 역사를 인물 사 중심으로 접근한 것은, 각각의 시대별로 변화되는 무용가, 안무가들의 춤의 유형과 본질적 특성을 파악한 후, 춤의 역사적 시대적 변화 과정을 정리할 수 있는 안목을 제공하고자 함이다.

이 책의 내용이 새로운 연구나 학설을 발표한 것이 결코 아니며, 자료를 토대로 임의로 정리한 것이나 기존의 현대무용에 관한 저서, 주요논문, 강의노트, 간행물. 기타 자료를 참고하여 현대무용의 역사를 보다

이해가 쉽도록 각 시대별 주요인물 중심으로 기술한 것에 의의를 둔다.

모쪼록, 이 책이 무용을 전공자들의 전문지식 쌓기에 일부분의 역할이나마 해주기를 바라는 마음이다.

끝으로 바쁜 중에도 본서가 출판될 수 있도록 수고해 주신 사장님과 실장님께 깊은 감사를 드린다.

2007. 10.

박 혜 란

목 차

Chapter 1

현대무용

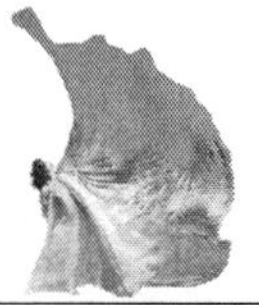

본서의 제목은 모더니즘 이후의 무용론이다. 그러나 그 이전에 현대무용이란 무엇이며, 어떻게 탄생하였으며 어떻게 변화하여 왔는가를 간단히 다루겠다.

1. 현대무용이란

현대무용이라는 명칭을 들으면 관객들은 어쩐지 생소하다는 생각을 가지게 된다. 또한 공연장에 가서도 아름답고 꿈을 꾸는 것과 같은 발레와는 너무나 다른 느낌에 더욱 당황하기도 한다. 그리고 시각, 청각을 닫고 혹은 이해하지 못함과 과잉반응을 일으키게 되는데 어째서 이와 같이 된 것일까.

매리 뷔그만, 마사 그레이엄, 이사도라 던컨 등 동서의 현대무용 무용수라고 말할 수 있는 사람들을 상기해 보자.

먼저, 주관적인 내면의 묘사가 있고, 어쩐지 고통을 견디고 있는 방식이었다. 뷔그만의 〈마녀의 춤〉, 그레이엄의 〈구류타이메네스트라〉 등, 소홀히 할 수 없는 점이 있다.

관객이 이러한 작품에 공감을 가지려면, 감정적이지만 표출에 동화하려고 하는 태도가 필요하게 된다. 관람시 웃어서도 안 되고, 적당히 보아서도 안 된다. 그렇게 하다 보면 결국 즐길 수는 없는 것이다.

다른 하나는 어쩐지 이야기나 사상을 표현하고 있고, 이해하는 것에 노력이 필요하고, 이해할 수 없는 경우도 있고, 관객은 극도로 피곤해 버린다는 사실이다. 기분 전환을 위해 무용공연을 보러 왔는데, 도리어 마음은 개운치 않고, 머리는 아프다고 말한다. 이러한 이유에서 현대무용은 그다지 인기가 없었다.

현대무용이란 용어는 제2차 세계대전 후, 미국에서 들어온 것으로 그 이전의 일본에서는 창작무용이라는 명칭으로 아메리칸 모던 댄스와 대략 같은 것으로 인식되고 있었다. 또한 노이에 탄츠라든지 신무용으로 사용되기도 하였다.

이와 같이 현대무용에 어쩐지 새롭고 전위적인 어감(語感)이 있었던 것은 부정할 수 없었지만, 미국에서는 그레이엄의 무용이 전통 안에 편입되고, 포스트 모던 댄스(Post Modem Dance)가 등장하고 나서는 모던이란 개념은 어느 시대나 사용할 수 있는 스타일로 생각할 수 있는 것으로 생각되고, 전위적인 것이라고 말하기 어려워졌다.

게다가 컨템포러리 댄스(Contemporary Dance)가 전위적, 동시대적 무용이란 의미로서 사용되었다.

미국에서는 이사도라 던컨이 거북한 발레의 의상과 스텝의 구속에서 탈피하여, 자유로운 움직임을 위해 음악과 함께 춤추는 것으로 시작했다. 의상은 가볍고, 신체를 편안하게 하는 것과 토슈즈나 발레슈즈는 사용하지 않고 맨발로 춤을 추었다.

던컨은 미국뿐만 아니라, 베를린이나 모스크바에 학교를 세우고, 그녀의 무용에 관한 사고방식을 전 세계에 영향을 미치게 했다. 미국에서는 20년대 후반부터 그레이엄이 자유로운 움직임만으로 내면적인 것을 표출하는 작품을 만들었다

그중에는 「밤의 여로」, 「마음의 소혈」, 「구류타이메네스트라」라고 말한 그리스극에 취한 고뇌와 번민을 표출하는 작품이 있고, 방법으로서 신체의 수축과 이완을 이용, 고뇌와 환희의 양극을 왕복하는 여자의 모습을 그렸다.

독일에서도 20년대 전반에 루돌프 본 라반(Rudolf von Laban), 뷔그만이 내면적인 것을 표출하기 위해 긴장과 해방이라고 말하는 메소드를 이용하고, 신비적이라고 말할 수 있는 어두운 영혼을 묘사하는 것에 성공했다.

독일의 현대무용은 표현무용이라고도 하며 근대적인 의식에 의한 합리적인 플롯을 가진 작품을 만드는 것이 요청되었다. 제2차 대전 이전의 무용은 독일의 표현주의 무용의 영향을 받고, 제2차 대전 후의 무용가들은 미국 현대무용의 영향을 강하게 받고 있다.

이제 현대무용의 내면을 더 잘 알기 위해서 현대무용의 탄생부터 알아보자.

2. 현대무용의 태동

현대무용의 탄생과 정의에 대한 주장은 지금까지 어느 누구도 정확하고 만족스럽게 정의하지 못했으며 현대무용의 탄생에 대해서도 정확하게 탄생의 날짜와 장소를 말한 사람이 없다. 그러나 한 가지 확실한 것은 비록 이런 약간의 불분명함 속에서도 현대무용은 20세기의 중요한 예술로서 자리 잡았고 계속 번창하고 있다는 것이다.

초기 현대무용의 철저한 옹호론자였던 존 마틴(John Martin)은 1965년 발간된 그의 책 '현대무용(The Modern Dance)'에서 현대무용은 클래식 발레의 인위적인 모습을 탈피하고 인간의 내부감정을 자연스럽게 표현하려고 시작됐다고 했다.

그리고 그는 현대무용이 진실된 무용의 움직임을 발견함으로써 비로소 완벽한 예술로 자리를 잡았다고 했다. 그리고 마틴은 현대무용을 하는 목적은 급격히 현대화되는 사회에서 우리의 생각이 미지의 세계로 뻗어가고 있는데 이것을 표현하는 것이 현대무용이라고 했다.

그는 말로 표현할 수 있는 예술은 죽은 예술이라고 하면서 아무런 묘사나 판토마임이 없으면서도 동작을 통해 감정을 바로 전달할 수 있는 현대무용이야 말로 진실된 무용이라고 주장했다. 그리고 현대무용에 대한 가장 많은 비판, 즉 현대무용의 동작들은 아름답지 않다는 것에 대해서는 이렇게 말하는 사람들이 현대무용에 대한 미학적인 개념을 충분히 안식하지 못하기 때문이라고 전하고 있다.

또한 무용은 다른 예술과 달리 3차원 예술로서 시간, 공간, 역동성을 한꺼번에 포함해야 된다고 말하고 있다. 그런데 클래식 무용은 시간과 공간개념이 결여되어 있고 특히 무용의 역동성이 부족하다고 보았다. 그러나 현대무용은 이 모든 것이 포함되어 있다고 마틴은 주장했으며 또 다른 현대무용 이론가 에스트 E. 피스(Esther E. Pease)는 존 마틴의 책보다 1년 늦게 발간된 그의 저서 '모던 댄스(Modern Dance)'에서 모던 댄스는 20세기의 산물이라고 하면서 현대무용의 탄생은 결코 우연이 아니고 필연적이라고 전하고 있다.

피스는 예술은 시대의 반영이므로 지나간 시대의 것은 물러나고 새로운 것이 탄생해야 된다고 확신하고 있다고 말했다. 또한 발레는 17세기, 18세기 궁중에서 수행되던 무용으로서 현대생활의 표현이 어려우므로 무용예술도 다른 예술처럼 현대에 맞는 틀로 시급히 개조되어야 했는데 이를 이룩한 것이 모던 댄스라고 말하고 있었다.

또 다른 유명한 무용저술가 보헨(Selma Jeanne Cohen)은 1966년 그의 저서 '현대무용(The Modern Dance)'에서 현대무용은 인위적인 제스처로 해설적인 무용을 늘어놓는 발레와 달리 주관적이며 개성이 뚜렷한 진실된 경험을 표현하는 예술이라고 하였다. 또한 발레는 감정표현보다는 시각적인 표현에 더 중점을 두고 있으며 너무 추상적이고 막연하여 표현 그 자체가 목적으로 되어 모든 움직임이나 동작자체가 표현에 급급하게 되지만 현대무용은 진실되고 주관적인 표현을 여유롭고 당당하게 전달하고자 한다고 했다고 말했다.

코헨은 인간사에는 착한 선만이 있는 것은 아니고 미움, 두려움, 질시가 가득할 수 있는 것이 있다고 했다. 그리고 이런 악의 존재들이야말로 인간에게 사랑의 가치를 더욱 빛나게 해줄 수 있다고 했다.

코헨은 베일 뒤에 가려있던 기막힌 아름다움이 현대무용가들에 의해 표현되기 시작했으며, 또한 현대무용가들은 괴로움과 고뇌와 회환을 표현하기 위해 새로운 움직임의 언어를 찾아야 했다. 그러므로 장식, 겉치장, 번뜩임 등 모든 전통적인 장막을 걷어버리고 움직임의 의미를 새롭게 찾았다. 그럼으로써 그들은 오랫동안 잊고 있던 진실을 그들이 새롭게 창조한 움직임을 통해 찾아 나서게 되었다.

현대무용수들의 복장도 다양하게 발전해서 초기에는 마치 고대 헬레니즘 시대의 황금기를 상징하듯이 그리스 튜닉을 입었다. 그리고 신체 움직임의 역동성을 나타내기 위해 타이츠나 혹은 체조복장과 비슷한 의상을 입었다. 검소한 스커트나 로버(robe)를 마치 성직자들처럼 입기도 했다. 그리고 때로는 그들의 신체가 마치 움직이는 조각이 된 듯이 그들의 의복을 최소화시키기도 했다.

또 때로는 거리에서 흔히 볼 수 있는 일상 복장이나 가장 최근의 화려한 패션 복장을 하기도 한다. 그리고 초기 현대무용 개척자들이 '맨발의 무용수(bare foot dancers)'라는 호칭을 듣기도 했지만 그들은 무용할 때 보통 신발이나 샌들이나 부츠 등을 자유롭게 신었다.

앞에서 나타난 것과 같이 현대무용을 현대 회화, 현대 음악, 현대 문학과 나란히 놓는 작업, 즉 현대무용에서 모더니즘을 찾는 작업은 쉽지 않았다. 하지만 현대무용에서 모던(modern)이라는 개념은 뭔가 '새롭고', '창의로운' 것을 찾는 것이다. 따라서 현대무용은 결코 하나의 사상과 목적에 안주해오지 않았다.

존 마틴이 말한 것처럼 현대무용은 단순한 미의 추구보다는 사상적인 견해를 표현하는 예술이다. 현대무용가들은 그들이 옳다고 생각하는 것은 그들의 방식으로 표현해왔다. 그들은 무용을 통해 그들이 하고 싶은 이야기, 그들의 철학 그들의 정치적인 메시지를 전했다.

지난 약 1세기 동안 지금 우리가 흔히 말하고 있는 '현대무용'은 다양한 이름으로 발전해왔다. 리듬 댄스, 내추럴 댄스, 표현 무용, 자유 무용, 맨발 무용(barefoot dance), 예술 무용 등이다. 이런 다양한 이름의 현대무용은 미국에서 주로 번성한 것은 사실이다. 하지만 이는 결코 미국에서만 현대무용이 이루어졌다는 말은 아니다.

우선 초창기 미국 현대무용 개척자들은 유럽의 이론에서 현대무용의 틀을 생각했다. 그리고 이후 다시 미국의 현대무용이 유럽에 영향을 미쳐 유럽의 여러 나라에서는 그 나름대로 현대무용이 발전하기 시작되었다.

이와 같이 현대무용은 미국뿐만 아니라 전 세계 무용계를 통해 발레에도 지대한 영향을 미쳤다. 다시 말하면, 20세기 고전 춤에서 일어난 가장 혁명적인 진보 중의 원래 현대무용가들이 연구했던 움직임의 법칙과 철학에 직접적으로 반영되고 있다.

특히, 현대무용은 미국 교육 동작의 기본으로 거의 모든 유명한 여자대학과 일반대학에서 체육이나 미술의 교육과정에 현대무용을 포함시킬 정도이다.

과거의 현대무용은 몇몇 특정 무용가 또는 안무가의 사상으로 설명되었다. 그러나 현재는 무용 예술 분야의 폭이 확대됨에 따라 다양했던 무용형태들이 점차 통합된 듯 비슷하게 되었고, 고정화된 자세 및 동작으로 인하여 발레까지 현대에 와서는 발레안무가들도 현대무용의 동작원리 및 개념 그리고 다양한 신체 공간 사용법을 발레의 기교로서 활용하고 있다. 이와 같이 처음에는 생소하고 어렵게만 보이던 양식들이 지금은 거의 보편화된 상태이다.

3. 현대무용의 성격

현대무용이라고 하면 사람들은 현대무용의 발생지가 미국이라는 생각이 짙다. 국가적인 발레단이 설립되기 이전에 벌써 현대무용단이 설립되어 있었다. 그런데도 현대무용은 뭔가 새로운 것이며, 기존의 것을 변화시키는 것이라는 뉘앙스를 주고 있었다.

미국의 최초 현대무용단은 '데니숀 무용단(the Denishawn company)'으로서 현대무용의 개척자 루스 데니스(Ruth St. Dennis)와 에드윈 스완(Edwin Swan)이 1915년에 공동 설립했다. 그러나 미국에서 대규모 발레단이 설립된 것은 1930년대 이후의 일이다.

데니숀과 그의 제자들이 발전시킨 현대무용과 발레의 가장 큰 차이는 발레는 움직임의 기본기법을 따라야 한다는 것이다.

발레 움직임은 중력을 벗어나 마루를 박차고 뛰어오르는 무용수들의 경쾌히 움직일 수 있는 능력을 주요 기본으로 한다. 하지만 현대무용은 움직임의 기본기법을 발레의 기법에서 따오지 않았다. 현대무용은 개인의 주관적인 표현력을 강조했다. 발레가 고전스타일을 중요시하는 무용이라면, 현대무용은 표현을 목적으로 한다.

발레의 움직임은 시작부터 끝까지 발 5개의 기본자세로써 행하지만, 현대무용에서는 예술가들이 뭔가를 표현할 때, 발레에서 행하는 자세보다는 훨씬 더 많은 다른 자세들이 필요하다고 했다. 이런 의미에서 본다면 현대무용은 혁명적이라고 볼 수도 있겠다.

현대무용은 지난 약 1세기 동안 계속 발전하여 여러 가지 동작을 새롭게 만들고 변형해왔기 때문에 새롭게 만들어지는 비정상적인 움직임에 대해 관대하다. 그렇지만 현대무용이 하나 꼭 지켜왔던 것은 이런 움직임을 수용할 때, 그 움직임이 아무런 의미가 없는 것이 아니라, 꼭 예술적 창의성에 필요할 때만 수용했다는 것이다.

따라서 위대한 현대무용 안무가들은 각자가 예술 창의성을 표현하기에 가장 알맞다고 생각하는 움직임의 틀을 만들어왔다.

예를 들면, 현대무용 방식에는 데니숀 방식, 이사도라 던컨 방식, 마사 그레이엄 방식, 도리스 험프리 방식, 머스 커닝햄 방식들이 있었고, 최근에는 트왈라 샵 방식(Twayla Tharp) 등도 있다.

좀 더 구체적으로 표현한다면, 현대무용에서는 발레의 형식주의가 무용표현에서 유용한 도구가 되는 것이 아니라 쓸데없는 장식처럼 보인 것이다.

현대무용수들은 왜 중력을 거부하고 무대에서 도약해야 되는지 이유를 찾지 못했다. 오랜 옛날부터 땅은 안정감과 힘의 원천이었던 땅(무대)과 더욱 단단히 접촉하기 위해 현대무용수들은 신발을 벗고 맨발로 움직이면서, 땅에서 오는 친밀감과 에너지를 마음껏 받아들이려고 했다. 그들은 땅에서 뛰어오를 수 있는 것과 마찬가지로, 허리를 굽혀 땅으로 가까이 할 수도 있다고 생각했다.

이런 여러 가지 차이점에도 불구하고, 발레와 현대무용은 서로가 영향을 주면서 발전하고 있다고 보아도 된다. 예를 들면, 그동안 발레가 발을 턴아웃하여 서있는 자세에 대한 대응으로 발끝을 언제나 앞으로 하고 있던 현대무용도, 차츰 45도 각도로 턴아웃하는 경향이 있다. 그리고 발레에서도 몸통 움직임의 한계를 좀 더 유연하게 하여, 신체를 통한 표현력을 넓히고 있다.

두 장르의 무용 모두가 기본 골격은 결코 변하고 있지 않지만, 서로에게 도움이 되는 기법을 인정하는 분위기로 가고 있다. 하지만 우리가 이 두 가지 방식의 무용이 좋은 점만 모아서, 정말 완벽한 무용 기법을 만들겠다는 생각은 필요 없는 생각이다.

그보다는 두 방식의 무용이 서로 영향을 주고받으며, 그리고 사회무용(social dance)이나 민속 무용(folk dance)의 영향을 주고받기도 하면서 각자 서로의 예술표현력을 강화시키며 발전해나가는 것이 가장 바람직할 것이다.

현대무용과 발레에서 또 다른 큰 차이점을 보면, 이번에는 무용 움직임에서 오는 차이가 아니라, 무용 스토리의 주제에서 오는 차이점이다. 예를 들면, 특히 로맨틱 발레의 경우, 스토리를 거의 유럽의 동화에서 따왔으나, 현대무용의 경우에는 인도, 고대 그리스, 유럽 등의 고전에서 따왔다. 예를 들면, 로맨틱 발레의 진수라고 하는 '지젤(Gisell)'의 스토리는 독일의 동화에서 유래했으나, 마사 그레이엄의 현대무용, 'Clytemmestra'는 전통 고전의 고통과 회환의 스토리에서 따왔다. 또한 현대무용은 당 시대의 사회적 이슈에도 관심이 많았다. 예를 들면 1930년대 경제 공항 시에는 정치 및 경제적 이슈의 공연이 많았다.

현대무용에서는 각 무용단의 구성원들이 평등한 대우를 원칙으로 하여 각 작품마다 모든 단원들의 개인 역할이 충실히 살아나는 안무를 원칙으로 했다. 그러나 전통 발레단에서는 군무(corps de ballet) 역을 맡은 무용수는 언제나 주역을 맡은 무용수들에게서 열에서 밀렸다. 그러나 현대무용에서는 전통적으로 이런 서열을 가급적이면 만들지 않는다.

어떤 면에서 본다면, 현대무용에서 개인을 강조하게 된 이유 중 하나는 현대무용단의 규모 때문일 수도 있다. 예를 들면 현재 미국 같은 경우에는 단원이 단 두 명뿐인 무용단부터 30여명까지 되는 큰 무용단 등, 다양한 크기의 현대무용단이 있다.

이 무용단의 안무가들은 대부분, 다른 무용단에 속해 있다가, 그들의 새로운 예술창조를 위해 독립한 경우이다. 이들은 무용단이 공연하는 거의 모든 작품을 안무할 뿐만 아니라, 그가 그의 예술의 도를 가장 잘 표현할 수 있다고 확신하면서 만든 그의 개인적인 스타일의 현대무용 기법을 무용수들에게 가르치는 일도 병행하고 있다.

따라서 현대무용에는 여러 가지 기법과 스타일이 생겨났다. 하지만 어떤 스타일이 좋고 어느 스타일은 나쁘다고 평가할 필요가 없다. 그러나 어느 현대무용수를 그가 배우지 않은 스타일의 현대무용을 수행하게 한다면, 조금씩 다른 뉘앙스는 느끼게 된다. 사실 이런 상황은 발레 등 다른 무용에서도 마찬가지이다.

이와 같이 무용에서는 단 하나의 스타일만 가장 중요하고, 꼭 그 스타일단 필요하다는 말을 절대할 수가 없다.

4. 현대무용의 탄생

현대무용은 고전발레의 틀에 짜인 동작에서 자유로운 개인의 정서적 경험을 표현하기 위하여, 모든 형식주의를 버리고, 낭만적인 분위기나 감정이 아닌 그야말로 낭만주의의 본질인 정신을 구현하려는 무용이다.

여기서 낭만주의란 인간의 경험이나 신체의 자연스러운 경향과는 상관없이 공간에서 미리 정해진 규율에 맞추어 움직여야 하는 고전주의 발레에 반하여, 낭만적인 음악에서 영감을 얻어 그 속에서 자신을 표현하려고 했던 운동을 말한다.

이런 낭만파 무용에는 그 새로운 정신을 나타내는 근본적인 형식이 아직 갖추어지지 않았다. 따라서 낭만주의 정신을 구현하고자 하면서도 그 정신을 담을 적합한 형태가 없었던 절실한 상황 속에서 현대무용은 탄생하였다.

20세기 초 던컨(Duncan, I.)을 필두로 해서 전 시대의 무용을 뛰어넘는 혁신적인 새로운 장르로서 현대무용이 등장하기 시작하였다.

그래서 현대무용에서는 이사도라 던컨을 빼놓을 수 없다. 1900년 3월 16일 이사도라 던컨의 첫 유럽공연이 런던에서 열렸다. 그리고 1927년에 교통사고로 그녀가 죽었을 때에는 이사도라는 이미 국제적인 명사가 되어 있었으며, 이론적 구속을 직관적 영감으로 대체시킨 그녀 춤의 개념은 20세기 무용의 중추적 테마가 되기 시작했다.

던컨은 어머니와 남녀동생과 함께 가축 수송선에 올라 조국에서 못 이룬 자기의 꿈을 보다 널리 전파할 수 있을지도 모른다는 생각에 새로운 예술풍토를 찾아 대서양을 건넜다. 그렇게 하여 짧은 시간 내에 그녀는 숭배의 대상이 되었다. 그녀는 맨발로 그리고 헐렁하게 늘어진 무릎까지 내려온 튜닉을 입고 춤추면서 관객에게 고도로 독특하면서 주관적인 시각의 춤을 제공했다.

어떤 사람들은 이사도라가 여신이라고 생각했으며, 어떤 이들은 그냥 정신이 돈 사람으로 보기도 했었다.

그러나 역사는 그녀를 그 두 가지의 혼합체로 확인해 주는데, 전설은 그녀를 카리스마 같은 출중한 자질을 가진 무용수로 보여준다. 이것은 그녀 특유의 천재성이라는 흔들릴 수 없는 믿음과 결부시켜 생각되었다. 그 두 가지 특성은 그녀의 동료 무용 선구자들에게 그녀가 전해준 유산의 일부이기도 하다.

마사 그레이엄, 매리 뷔그만 그리고 도리스 험프리는 모두 실물보다 큰 무대 존재들로써, 이들은 무용수들이 성취하고자 애쓰고 있던 것에 대해서 관객이 거의 아무것도 이해하고 있지 못하고 있을 때조차 그들을 매혹시킬 수 있었다.

이사도라 던컨은 춤에 대해서 두 가지 지속적인 기여를 했다. 그녀는 자신을 그리고 자기 뒤를 따르는 후계자들을 코르셋과 페티코트, 긴 소매와 높은 깃 그리고 무거운 스커트 등 그녀 시대의 여성들이 착용했던 꼭 끼는 여성 의상에서 해방시켰다.

그리고 중요한 혁신인 두 번째 기여는 그녀의 예술이 위대한 음악과 동반되어 상응할 수 있다는 주장에 있었다. 그녀는 글룩, 바그너, 바하의 음악에 그리고 베토벤의 7번 교향곡에까지 맞춰서 춤을 추었다. 이로 인해 음악 평론가들은 발레 애호가들이 그녀의 맨발에 분개한 것만큼이나 그녀의 무모한 만용을 거의 괘씸하게 여겼다.

서구의 극장 무용은 이사도라 던컨이 유럽에 처음 등장했을 때 가장 쇠퇴한 상태에 처해 있었다. 줄타는 사람과 곡예사들이 '토 댄서들'과 뮤직홀 무대를 공유했으며 그때의 바슬라프 니진스키는 아직 이름 없는 학생이었고, 프레드릭 애쉬튼이나 조지 발란신은 태어나지도 않았다. 또 하나의 미국인 이주자 루이 풀러는 1900년 파리 세계 박람회에서 스타적인 존재로 인기를 모았으나 그녀의 공연들은 춤보다 환상가의 눈속임 장치들이 더 많았다.

전기를 창조적으로 이용한 최초의 무용수 가운데 한 사람이었던 풀러는 창문이라는 것을 잊게 하기 위해 거대한 실크 베일들을 색깔 있는 조명으로 변화를 줌으로써 흐르는 무늬들로 조각해내 무대 효과를 얻어냈다.

풀러의 이국 취미는 데니숀 스쿨의 화려한 구경거리로 꽃을 피웠으나 세계 대공황이 닥치자 모든 부질없는 행위는 엄격하게 차단되었다.

마사 그레이엄과 도리스 험프리는 미국에서, 매리 뷔그만은 독일에서, 자기들이 창조하고 있던 새로운 무용 형태에 대해서 대단히 진지

했으며, 그 사실을 자기들 관객에게 깨우쳐 줄 수 있는 유일한 길은 터무니없는 춤이 아닌 춤을 안무하는 것이라고 느꼈다.

다른 일 중에서도 이 '고도예술'의 자세는 이해하지 못하는 데서 오는 비웃음의 피할 수 없는 조롱을 비켜나려는 시도였다.

개성에 대한 이사도라 던컨의 명쾌한 부름을 듣자 1930년대의 무용 선구자들은 자기네 나름의 강렬한 목소리로 확답했다.

5. 현대무용의 발전

클래식 발레의 전통을 깨고 과감하게 무용의 혁명을 부르짖은 첫 번째 무용수는 이사도라 던컨으로 볼 수 있다. 하지만 던컨의 무용형식과 스타일은 오늘날 우리가 생각하는 현대무용의 스타일과는 많은 차이점이 있다.

던컨의 무용 움직임은 오늘날 기준으로 보면 너무나도 체계적이지 못하고 너무 자연스러움에 도취해 있었다. 그리고 그녀의 안무형태도 너무 감성적이고, 낭만적인 것에 빠져 있었다. 하지만 오늘날, 현대무용은 잘 훈련된 조직적인 움직임 속에서 이루어진다.

던컨의 전통에 만약 오늘날 현대무용까지 연결되는 것이었다면 단지 그녀의 다이나믹한 액션 정도일 것이다. 따라서 현대무용 이론가 에스트 피스(Esther E. Pease) 같은 경우는 오늘날 현대무용의 실질적인 창시자는 던컨이나 풀러 같은 현대무용 개척자들이 아니라, 마사 그레이엄(Martha Grahaml)과 매리 뷔그만(Mary Wigman) 등 제2세대 현대무용가들로 본다(Pease:1966: 6).

제1세대 현대무용 개척자들이 기존 무용의 전통에 도전했듯이, 이들 현대무용 창시자들도 제1세대 현대무용 개척자들의 무용 방식에 의문을 제기한다. 그들은 1세대 현대무용수들의 무용을 '신이나 여신을 위한 무용'이라고 했다.

그들은 1세대 현대무용수들이 너무 대중의 취향에 맞추려고 타협하는 무용을 했다고 생각했다. 그 당시 새로운 세대의 젊은 무용수들은 현대무용에 더 많은 자유와 독립을 확보시키려고 노력했고, 만약 필요하다면, 전혀 일반대중의 호응을 받지 못하는 무용 움직임도 창조하겠다는 생각을 가진다.

그들은 1세대 현대무용수 루스 데니스가 그녀의 무용단 '데니 쇼운(Denishawn) 무용단'에서 수행하던 무용 움직임을 단순히 관중들을 즐겁게만 하기 위해 만들어진 서정적인 무용이라고 비판한다. 반면에 그들은 무용수들은 힘찬 긴장감 있는 움직임을 해야 된다고 했다. 그 이전까지 부드럽게만 흘러가던 현대무용의 움직임을 날카롭게 끊어지는 생동감 있는 움직임으로 바꾼다.

마사 그레이엄이 대표적인 경우이며, 도리스 험프리(Doris Humphrey), 찰스 와이드만(Charles Weidman) 등이 함께 했다. 이들을 통해 현대무용의 무용 움직임의 스타일은 완전히 변했으며, 무용의상도 바뀐다.

여성 무용수의 의상은 무대를 활발히 움직일 수 있도록 짧고 간편해졌으며, 남성 무용수의 의복은 그 이전에 이국적인 모습을 자아내려던 거추장스러운 모습을 탈피하고, 바지와 셔츠정도를 입은 일반노동자의 차림처럼 바뀐다. 이런 변화를 창출하기 위해, 제2세대 현대무용수들, 즉 현대무용의 실질적인 창시자들은 그들의 무용을 그 당시 시대 상황에 맞춘다. 그들이 현대무용의 틀을 조직적으로 만들어

나가던 당시는 그 전 세대, 즉 현대무용 개척자들이 일하던 시대상황과 완전히 달랐다.

던컨, 데니스, 풀러 등 현대무용 제1세대들이 활동하던 시절은 유럽과 미국을 통틀어 가장 경제적인 발전과 사회적인 안정을 누리던 때였다. 따라서 그들의 무용도 가장 고상함과 사치스러운 이미지를 보이려고 노력했다고 볼 수 있다. 하지만 제1차 세계대전의 발발은 이 모든 것을 무너지게 한다. 산업혁명 등을 통해 만들어진 가공할만한 위력의 무기들은 전 세계를 황폐화시켰고, 제1차 세계대전 전에 꿈꾸던 전 세계의 평화스러운 공존의 꿈은 무너지고 말았다.

새로운 이상과 목표를 찾아야 하는 새로운 시대가 온 것이다. 이탈리아의 미래주의자 화가들은 정지되어 죽은 듯이 있는 화폭에서 탈피하여, 박진감 있고 활력 있는 기계의 박동에 매료된다. 그 당시 무용수들은 음악에 무용을 맞추는 것보다 기계 움직임의 음에 맞추려고 했다. 그리고 어떤 무용에는 일반적인 무용수 복장이 아닌, 비행기 조종사 복장을 사용하기도 한다.

독일의 오스카 슐레머(Oskar Schellemmer) 같은 경우는 기계의 힘과 정확성에서 무용의 아이디어를 따오기도 하고, 미국에서는 마사 그레이엄이 비록 그녀의 무용이 기계 움직임의 모방은 아니지만, 산업사회(industrial society)를 반영하는 리듬이라고 했다. 바로 2세대의 무용이 그 이전 세대의 무용 즉 '자연무용(natural dance)', '자유무용(free dance)'이 아닌, 조직적인 체계가 잡힌 '현대무용(modern dance)'이 되는 것이다. 그 이전 이사도라 던컨, 루이 풀러, 루스 데니스 등이 극장에서 수행하던 무용은 엄격한 의미에서 보면, 정확한 명칭을 공통적으로 가질 수 없었다. 왜냐하면 그들의 무용은 어떤 체계적인 틀 속에서 함께 움직인 것이 아니라 개인적인 예술 추구 작업이었기 때문이다. 물론 새롭고 정확하게 '현대무용'이란 호칭을 갖게 된 제2세대 현대무용수들도 공통적인 작업을 한다는 생각은 없었다. 하지만 공통적인 사명감은 가지고 있었다.

그들은 제1세대 현대무용 개척자들의 번쩍거리는 장식을 한 화려함 추구, 개인적인 무용성향, 모호한 무용 움직임, 사치스러운 무대장치와 의상, 상업적인 극장무용 등을 과감히 비판한다. 그들은 깨끗하고 정직한 무용 움직임을 탐구한다. 때로는 그들의 움직임은 관중들이 보기 싫다고 할 정도로 이상하게 변형되기도 한다. 하지만 그들은 이를 예술의 순수성(artistic integrity)의 추구로 본다. 그리고 무엇보다도 이들 현대무용 창시자들은 인간의 자연스러운 신체움직임에 바탕을 둔 무용 움직임의 어휘를 새롭게 개발하여 현대무용의 이론적 바탕을 설립한다.

마사 그레이엄은 신체가 호흡할 때 흡입(inhalation)과 방출(exhalation)을 하는 점을 연구하여, 그녀의 무용기술 철학의 기본이 되는 힘의 수축(contraction)과 이완(release) 이론을 도출해낸다. 도리스 험프리는 인간 움직임은 모두 균형과 불균형의 전환상태에 있다고 본다.

불균형 상태는 우리가 단순히 걸음을 앞으로 내딛는 상태만으로도 발생된다고 본다. 그리고 앞으로 내딛은 걸음이 바닥에 닿을 때 균형 상태로 회복된다고 본다. 그녀의 무용 기술 철학은 '떨어짐(fall)'과 '일어남(recovery)'의 연속이라는 움직임의 특성에서 왔다. 그러나 무엇보다도 가장 중요한 현대무용 창시자들의 신념은 무용은 논리적(logic)

이어야 한다는 것이었다. 그들은 그동안 발레 등에서 즐겨 사용하던 동화이야기를 배격했다. 그들은 정신과 감정의 표현을 통한 개인적 사상 추구에 나선다. 따라서 당시 무의식의 세계를 주도해왔던 프로이드(Freud)의 철학 등이 신세대 현대무용수들의 무용주제를 풍부하게 만든다.

그들은 예술 표현(artistic expression)을 위해서 상업적인 성공도 포기한다. 그들 이전 세대의 현대무용 개척자들이 무용도 연극이나 음악과 마찬가지로 심각한 독립된 예술이라는 것을 보여주고, 기존 극장 관중들에게 그들의 이런 신념을 보여주었다면, 현대무용 창시자들은 새로운 관객들을 찾아 나서고, 상업적인 기존 극장 무대를 완전히 탈피 하려고 했다. 마침내 그들의 보금자리는 1930년 초반부터 시작된 대학의 무용과 설립 붐으로 아카데믹한 모습으로 이루어진다.

1934년 '베닝턴 여름 무용학교(the Bennington Summer School of the Dance)'가 설립되면서 이 분위기는 확산된다. 이를 계기로 미국의 각 대학에는 무용과 설립의 붐이 일어나고, 미국 현대무용 발전의 토양이 된다.

1920년경부터 시작된 현대무용의 체계화 작업은 1940년경에는 엄청난 발전을 하게 된다. 이들 현대무용 창시자들은 기존의 오락성을 지닌 극장무용의 형태를 완전히 탈피하여, 그들 자신의 무용단을 설립하여 전국 순회공연에 나선다.

상업극장의 관행에서 완전히 탈피한 그들은 새로운 현대무용의 심각한 관객들을 창출해낸다. 그리고 각 대학에서는 무용과 설립이 시작된 것이다. 새로운 전진을 위한 첫걸음이었다.

6. 모더니즘

지금 서양의 무용계에서는 20세기의 새로운 예술사조였던 모더니즘과 20세기 초반 새로운 무용형태로 떠오른 현대무용과의 관계를 규명하기 위한 연구가 활발히 진행되고 있다.

예술모더니즘과 무용모더니즘의 상관관계 파악을 위해서는 먼저 예술사조로서의 모더니즘이 어떻게 생성되었고 어떤 발전과정을 거쳤으며 각 예술에 어떤 영향을 끼쳤는지 살펴보는 것이 중요하겠다.

제1차 세계대전이 시작되기 약 반세기 전부터 20세기 초까지 약 50여 년 동안 유럽의 수도 파리, 런던, 베를린은 세계의 산업, 상업, 재정의 중심지가 된다. 이 기간 동안 서구 유럽의 경제적 성장은 눈부신 것이었다. 유럽은 경제뿐 아니라 정치적으로도 세계를 지배한다. 소위 말하는 위대한 제국시대(the great age of impedalism)였으며 백인들의 경제, 문화, 민족 지배시대였다.

산업화는 도시인구의 집중화를 가속시켰으며 1910년경에는 런던과 뉴욕의 인구가 벌써 500만이 넘어선다. 그리고 19세기 후반의 급속한 산업화는 엄청난 사회 및 정치적 변화도 함께 야기시킨다. 기존 유럽의 엘리트층들과 지주들은 이런 급속한 변화 속에서도 상권과 금융권을 장악하면서 그들의 신분을 유지시킨다. 이에 따라 새롭게 탄생된 신귀족층들과 일반 공장 노동자들과의 신분차이는 그들의 의복, 음식, 주택, 교육뿐 아니라 신체적인 외형이나 정신적인 모습에서까지 확연히 드러나게 된다.

사회계층의 분화가 확연히 일어나기 시작하고 각 계층의 생각이나 이상이 다르게 나타나기 시작한다. 예술에서도 19세기 예술이 추구하던 공동현실과 공동문화의 창조는 더 이상 어렵게 된다. 예를 들면 문학에서는 19세기의 서정적이며 소설적인 문학에서 심각한 창조나 혹은 그 반대로 격렬한 파괴의 문학이 탄생한다. 새로운 시대의 환경이 새로운 예술사조인 모더니즘을 필연적으로 불러낸 것이다.

20세기 예술을 실험, 개혁, 발견의 모습으로 몰고 간 모더니즘의 파워와 영향력은 18세기에 있었던 로맨틱 개혁 때의 예술, 문학, 사상의 대변혁과 맞먹는다고 볼 수 있다(Bradbury and McFarlane:1991:11). 그 당시 현대화 및 산업화의 물결이 불러왔던 과학화, 기술화, 철학화, 정치화의 분위기는 자연, 인간의 삶의 속도 그리고 심지어는 인간의 삶 그 자체에 대한 생각까지 바꾸게 만든다.

마찬가지로 예술에서 모더니즘의 움직임은 예술에 대한 기본 인식 자체를 변화시킨다. 사실 엄격히 말하면 모더니즘의 개념은 그 자체가 아직도 불분명하다. 하지만 하나 분명한 것은 모더니즘의 예술은 기존 예술에 대한 흥분, 분노, 거역 및 이단을 통해 이루어져 왔다는 것이다. 이와 함께 대부분의 모더니즘 예술은 침묵을 강요당하거나 억압을 받거나 금지되는 과정을 거치면서 발전해왔다.

모더니즘 예술은 소위 말하는 '저항예술(아방가드 avant-gard art)'이었으며 역사와 인식에 대한 일종의 도박이었다. 그러나 언젠가는 모두 수용될 것이라는 기대 속에 진행되었다. 대부분의 모더니즘 예술가들은 그 시대의 가장 뛰어난 예술가들이었다. 그들은 지금 우리가 누리고 있는 다문화, 개인존중 그리고 상대주의 인정의 시대를 선도해 온 선각자들이었다.

모더니즘은 그 당시 시대의 예술과 삶을 가장 정확히 본 예술사조이다. 모더니즘은 비록 전부가 모두 그렇다고는 할 수 없지만 그 당시의 현대적인 사회의식과 현대적인 사회경험을 가장 완벽히 반영시킨 예술움직임이라고 볼 수 있다. 하지만 20세기의 예술가 모두들이 모더니즘의 경향에 따라 갔던 것은 아니다. 그들 중 일부는 모더니즘의 쇼크, 추상성 그리고 불연속성에 대해 격렬히 비판했다. 그들은 모더니즘의 지나친 비현실성을 인정하지 않고 자신들의 생각대로 예술작업을 했다. 이런 맥락에서 본다면 20세기의 예술전통은 비록 서로가 가끔 섞일 때도 있었지만, 하나의 예술흐름보다는 두 개의 대립되는 예술흐름 속에 커왔다고 볼 수도 있겠다.

모더니즘의 정확한 시대구분도 논란거리의 하나이다. 미학자인 폴커너(Faulkner)는 모더니즘의 기간을 1910년대부터 1930년까지로 잡고 있고, 또 다른 예술사학자들은 1880년대부터 1950년대까지를 모더니즘의 기간이라고 본다. 그리고 20세기 초반부 25년 동안을 가장 모던활동이 활발했던 기간으로 보는 시각도 우세하다. 그리고 스펜드(Spender), 그라함 휴(Graham Hough) 같은 예술이론가들은 1차 대전 이전을 모더니즘의 기간으로 간주하며 어떤 학자들은 전후기간이라고 주장하기도 한다. 그러고 특이하게도 헤리 레빈(Harry Lebin), 줄리안 시몬스(Julian Symons) 같은 예술이론가들은 1922년 단 한해를 모더니즘의 특히 사건이 많았던 해로 잡기도 한다(Bradbury and McFalane :1991:33).

이런 다양한 견해 속에서 우리들은 역사는 어떻게 보는가 하는 견해에 따라 달라진다는 것을 다시 한번 느낄 수 있다. 근래에 와서 모더니즘의 정확한 정의를 위한 여러 가지 논의들이 활발히 진행되고 있다. 모더니즘의 정확한 정의가 필요해진다는 말은 역으로 모더니즘의 시대가 끝나간다는 말도 된다. 그러므로 모더니즘의 나름대로 정확한 정의를 다시 한번 시도해보기로 한다.

모더니즘은 18세기에 불꽃처럼 타올랐던 로맨티시즘과 마찬가지로 기존 과거 예술에 대한 강한 지적변환과 격렬한 불만족을 표시한 반동운동이었다. 이 운동은 예술의 사상, 형태, 가치 모두의 변화된 흐름을 국제적으로 전파시켜 서구유럽전체 전통의 주요한 축이 되게 했다. 모더니즘은 고착된 하나의 예술의 스타일을 말하는 것이 아니고 대단히 개인적이며 주관적인 견해를 갖는 그 다음의 스타일을 찾는 과정이라고 볼 수 있다. 따라서 그 다음에 나타날 모던의 형태들 예견할 수 없었다.

모더니즘은 그 자신의 고정된 스타일을 추구하지 않았다. 왜냐하면, 만약 고정된 스타일을 찾아버린다면 새로운 '모던'을 찾는 것을 포기하는 것이 되며 모더니즘 자체를 부인하는 것이 되기 때문이다. 모더니즘의 발전순서는 인상주의(Impressionism), 후기 인상주의(Post-impressionism), 입체주의(Cubism), 야수파(Fauvism), 미래주의(Futurism), 표현주의(Expressionism), 다다이즘(Dada), 초현실주의(Surrealism) 등으로 이어진다.

7. 무용모더니즘

지금의 모든 예술들은 당시대의 예술사조와 철학 그리고 사회분위기의 많은 영향을 받으며 발전해왔다. 무용의 경우도 예외가 아니다. 단지 다른 예술과 달리, 사람의 신체를 매체로 하는 3차원적인 특수한 예술이라는 점 때문에, 무용이 예술의 사조를 따를 때 다른 예술보다 조금씩 늦게 나타나는 경향은 있다.

무용에서 모더니즘의 뿌리를 찾는 작업은 전체 예술에서 정확한 모더니즘의 성격을 규명하는 것 못지않게, 복잡하고 때로는 불분명하기도 하다.

무용 모더니즘의 논란은 지극히 근래 생긴 일이며, 현대무용 미학자들의 집중적인 조명을 받고 있는 분야이다. 무용 모더니즘 토론의 발단은 미국의 가장 활발하고 정확한 무용저술가 중의 한 사람인 셀리 베인즈(Sally Banes)가 그녀의 포스트 모던 무용에 대한 저서 '운동화를 신은 무용요정들(Temsichore in Sneakers)'을 1987년에 발표하면서 시작된다.

그녀는 1980년에 발간한 그녀의 책의 개정판인 이 책의 새로운 서론(Introduction) 부분에서 현대무용가 마사 그레이엄의 안무는 미니멀리즘적인 요소가 없으므로 모더니즘의 토론대상에서 제외되어야 한다고 했다(1987:4).

베인즈는 현대미학자 그린버그(Clement Greenberg)의 모더니즘에 대한 정의 즉 모든 예술은 그 자신이 본질적인 모습만 보여야 된다는 주장을 따르면서, 마사 그레이엄의 현대무용은 무용예술의 본질을 파고들기 보다는 무용외적인 요소에 너무 의존하였으므로 모더니즘이라 사 그레이엄과 매리 뷔그만(Mary Wigman)의 작품에서 모더니즘의 흔적을 찾을 수 있다고 했다.

매닝은 베인즈의 주장을 너무 고착된 주관적인 견해라고 했다. 그리고 베인즈가 말하는 개념의 모던댄스라는 것은 실제로 포스트 모던 무용에서 찾아야 할 개념들이라고 했다.

셀리 베인즈는 앞에서 말하는 그녀의 책에서, 우리가 흔히 생각하고 있는 현대무용이라는 것이 진실된 의미에서 모더니즘이 아니었기 때문에, 모더니즘 이후에 일어나는 현상인 포스트 모더니즘의 의미를 무용에서 찾아내기가 더욱 어려워진다고 했다. 그녀는 무용에서 포스트 모던이라고 하는 것이 실제로는 다른 예술에서 모더니즘 상황이라고 했다.

즉 무용포스트 모더니즘에서 말하는 무용매체의 본질탐구, 무용기본 동작에의 집착, 추상적인 형태, 외부소의 제거작업 등이 사실은 미술, 음악 등의 모더니즘에서 일어난 것들이라는 것이었다.

어떤 의미에서 보면, 이런 베인즈의 주장은 무용에서 '현대무용(modern dance)'이라는 것 존재 자체를 부인하는 것이 된다. 이런 맥락에서 베인즈는 그레이엄의 무용은 모더니즘의 논어에서 제외되어야 한다고 보았다.

하지만 수잔 매닝은 모더니즘이라는 말을 미니멀리즘 하나에 집착한 베인즈의 견해와는 달리, 모든 예술에서 사용하고 있는 전통적인 방식으로 받아들였다. 매닝은 20세기의 현대무용은 다른 예술의 모더니즘과 형행선상에서 발전해왔다고 했다. 그녀는 베인즈의 주장을 20세기에 폭넓게 발달해온 현대무용을 단 하나의 예술이론(Greenbery

의 주장)에만 잣대를 맞추어 매도했다며, 베인즈의 주장을 격렬히 반박했다.

매닝은 베인즈 스타일의 무용역사 정립방식은 너무 일방적인 견해이며, 넓고 광범위하게 형성되어온 무용모더니즘의 큰 틀을 살피지 못하는 근시안적인 접근방식이라고 했다.

이런 주장과 함께, 매닝은 무용모더니즘의 영역을 베인즈보다 훨씬 넓고 적극적인 자세로 보았다. 매님은 20세기 초반의 무용도, 당시 미술이나 문학에서처럼, 어떤 사실을 단순히 전달하는 것이 아니라, 안무가나 무용수들의 내부감정을 표현했다고 했다. 그리고 가장 특이한 무용제작 기법의 변화는 그 동안 음악에 너무 의존하는 안무에서 탈피한 과격한 개혁(radical innovation)을 시도했다. 그의 안무에서는 무용 움직임과 음악은 단순히 같은 시간과 공간을 점유할 뿐이지, 서로 영향을 미치지 않게 했다. 하지만 그의 안무가 미니멀리스트(minimalist)의 극단적인 최소주의 형태를 취하지는 않았다.

아마도 그는 1920년대 발레 뤼스(Ballet Russes)의 디아길레프 못지않게 많은 작곡가나 음악가들을 그의 무용작업에 동참시킨 인물일 것이다. 하지만 커닝햄의 다른 예술과의 협조는 디아길레프의 와그너리즘(다른 예술과 완전히 통합되어 하나의 예술처럼 되어야 한다는 예술 통합론)과는 달리, 서로 자신의 예술을 찾는 예술 협조였다. 즉 커닝햄의 작품에서는 무용 움직임, 음악, 무대장식 등은 서로 완전히 녹아서 융해되는 것이 아니라, 각자 독립성을 유지하는 속에 자신들의 역할을 하는 것이었다.

이와 함께, 커닝햄의 무용단에서 미술감독으로 활약한 자스퍼 존스

(Jasper Johns)와 로버트 라우센버그(Robert Rauchenberg) 같은 미술가들은 무대미술에서 주관적인 추상표현주의(abstract expressionism)의 성질을 빼고, 비 개인화되고, 객관적인 무용이미지를 만드는데 주력하였다.

커닝햄도 현대무용에서 표현적(expressive)이며, 주관적(subjectivity)에 초점을 맞추었다면, 커닝햄은 무용제작에서 객관성(objectivity) 추구에 큰 중점을 둔 것이다. 커닝햄은 그의 이 모든 개혁적인 무용 변화 작업을 통해, 그의 포스트 모던 무용 후배들에게 새로운 무용의 길을 제시했다고 볼 수 있다.

본격적인 포스트 모던 무용의 태동은 이본 레이너(Yvonne Tainer), 트리사 브라운(Trisha Brown), 메르디스 몽크(Meraith Monk), 스티브 팍스톤(Steve Paxton) 등, 저드슨 무용단(Judson Dance Theater)의 활동으로부터 시작된다. 그들에게는 무용에서 객관성(objectivity)이 중요한 특질이 된다. 그들은 커닝햄과 마찬가지로, 무용에서 객관성과 비개인화에 가장 큰 비중을 둔다. 그들은 미니멀리스트(minimalists), 그리고 일종의 개념예술자(conceptualists : 예술가가 완성된 예술품보다 제작 중의 이념과정을 중요시하는 것)의 길로 간다.

그들은 그들 무용의 안무를 미니멀리스트 조각가들의 작품과 비교하기도 한다. 그들은 그들 무용의 기존무용의 형태와 차별화하기 위해, 그들 무용작품에 비무용 움직임을 도입시키기도 한다. 그들은 그들이 보기에는 억지스럽다고 느껴지는 기존의 현대무용 안무가들의 기법에서 벗어나 일상적이며 평범한 봄 동작을 그들 무용에 적용시킨다. 그들은 미술, 음악 등 다른 예술에서 이미 시행했던 시도, 즉 예술에서 쓸데없는 환상을 걷어내는 작업을 시작했다.

예를 들면, 무용수의 몸무게를 실제보다 무겁게 혹은 가볍게 보이려고 한 기존 무용의 방식을 거부하고 무용에 일상적인 면을 그대로 도입시킨다. 그들 작품에서 움직임은 걷는 것이 될 수도 있고, 그들 작품의 시간은 인위적인 시간이 아니라 실제 시간을 그대로 적용한다.

어떤 면에서 보면, 포스트 모던 무용은 '비개인화(impersonality)'에 성공하여, 발레의 특질과 비슷하게 된다. 하지만 물론 발레애호가의 입장에서 본다면, 포스트 무용을 너무나도 단조롭고 본질을 파고드는 움직임의 추구일 수도 있다. 이렇게 초기 포스트 모던 무용은 미니멀리스트(minimalist)로 가는 특이한 성질이 있다.

Chapter 2

현대무용의 개척자들

제1절 | 미국 현대무용의 개척자들

미국 현대무용의 1세대를 구축한 대표적인 세 사람은 루이 풀러(Loie Fuller), 루스 세인트 데니스(Ruth St. Dennis), 이사도라 던컨(Isadora Duncan) 등으로 볼 수 있다. 이들 모두는 19세기가 거의 끝날 무렵부터, 20세기 초반 약 30년 동안 미국 현대무용의 토대를 만들었다. 비록 그들 모두가 그 이후 '현대무용'으로 불러진 무용의 새로운 한 형태를 개척해낸 선구자들이었지만, 그 당시 그들은 그들이 이런 새로운 무용역사를 쓰고 있는 줄은 몰랐다고 볼 수 있다. 그들은 단순히 무용에 적합한 새로운 방식을 추구하던 예술가들일 뿐이었다. 따라서 그들은 흔히 맨발의 무용가 혹은 드라마틱한 무용가 등으로 불린다.

미국의 경우에는 당시 발레 보급이 거의 되지 않았으므로, 능력 있는 발레지도자가 없었다. 발레는 소위 말하는 극장의 '쇼 무용(Show dancing)'에서 다른 타입의 무용들과 함께 조금씩 보여질 뿐이었다.

그 당시에는 극동이나 중동에서 온 이국적(exotic)인 무용수들의 감정어리고 귀여운 춤이 유행했다. 특히 1893년 시카고 세계박람회 (The Chicago World's Fair)에서 공연된 '리틀 이집트(Little Egypt)'라는 무용공연은 크게 히트한다.

현대무용의 개척자들도 이런 앙증맞고, 감정어린 춤에 대한 욕구가 없을 수 없었다. 이 세 명의 현대무용 개척자 모두들도 사실은 당시 이런 극장들에서 무용을 한 경력이 있다. 하지만 그들은 그렇게 오랫동안 극장에서 머물지 않고, 스스로의 예술의 길을 찾아 나선다. 그러나 당시에 그들은 그들이 모방할 수 없는 무용이 있었던 것도 아니며, 심지어는 변혁을 이루고 싶어도 변혁시킬 대상조차도 없는 상태였다. 단지 그들은 그 당시 연예오락의 일종으로 되어 있던 무용에서, 한발한발씩 멀어져가는 노력을 한 것이다.

그들은 일반 극장무대에서의 무용보다는 훨씬 심각한 예술무용을 창조하고 싶어 했다. 그들은 당시 무질서하게 진행되던 일반극장 무대의 무용을, 뭔가 틀이 있는 공식적인 예술로 만들고자 했다. 그들은 무용이 단순히 일시적으로 관중을 흥분시키는 여흥이 아니라, 무용 그 자체만으로도 충분히 관객들을 깊고, 심각하게 감동시킬 수 있다고 생각했다. 바로 이 생각이 혁명적(revolutionary)이었으며, 바로 이 생각이 현대무용의 탄생을 가능케 한 것이다.

그 당시 사회는 빠르게 변했고, 이 때문에 사람들의 삶도 변하기 시작했다. 특히 20세기 초반 제1차 세계대전은 사회의 큰 변화를 야기시켰고, 이때부터 본격적으로 현대무용 개척자들은 그들이 그동안 개인적으로 생각해오던 새로운 스타일의 움직임으로 새로운 표현가능성을 타진하기 시작한다.

아울러 그들은 당시 여성 무용수들의 공연은 낮에만 하게 한 관습과, 연극 공연과 함께 하지 않는 무용공연은 1주일 이상 할 수 없도록 한 극장규정 등에 대항해 싸우기도 한다. 그리고 그들은 신화의 스토리나 전설을 찾아 나섰고, 이를 무용의 주제로 만든다. 그리고 새, 곤충 심지어는 타오르는 불꽃을 모방하는 무용도 창조한다. 그들은 당시 가장 상업주의로 흐르고 있던 뮤지컬 극장의 분위기 속에서도 새로운 예술창조의 신념을 불태운 것이다.

그들은 그들의 예술의 추구도 중요했지만, 관중들의 반응을 생각하지 않을 수도 없었다. 당시 그들은 아무런 지원을 어디에서도 받을 수 없었기 때문이다. 그들은 순수예술 추구와 흥미 위주의 관중 확보라는 두 마리 토끼를 한꺼번에 잡아야 하는 어려운 일을 한 것이다.

하지만 그들은 일반관중을 낮게 보면서, 그들이 원하는 새로운 예술창조의 작업만 한 것은 결코 아니다. 그들은 순수 예술 추구와 함께 관중만족이라는 두 개의 어려운 일을 조화롭게 풀어나갔다. 어떻게 보면 당시의 열악한 경제 상황에서 살아남기 위해 조화를 이룬 것인지도 모른다. 그 당시에는 공공을 상대로 공연을 할 수 있는 장소는 일반무대 극장밖에 없었다. 대학교 강당 같은 무대는 상상할 수도 없었다. 제1세대 현대무용 개척자들은 철저한 시장경제상태(market place)에서 싸워야 했다.

이들은 어떻게 보면 무용기술적으로는 당시의 무용수들과 큰 차이가 없을 수도 있었을 것이다. 하지만 그들과의 확실한 차이는 뭔가 고상하고(lofty), 신비로운(mysterious) 목적을 가진 예술로서의 무용추구를 한다는 것이었다. 물론 그들도 관객들의 흥미를 끌려는 노력을 했지만, 동시에 그들은 무용의 목적인 예술적 상상력 자극의 작업도 게을리 하지 않았다.

그들에게는 당시 예술적으로는 성공하였지만, 제1세대 현대무용 개척자들은 한 번도 경제적 풍요상태에서 무용작업을 할 수 없었다고 볼 수 있다. 그들은 그들의 생존 그 자체와 투쟁하면서도, 새로운 예술의 분위기를 창조했던 것이다.

1. 이사도라 던컨(Isadora Duncan)

이사도라 던컨(Isadora Duncan)은 1878년 샌프란시스코에서 태어났다. 어릴 때부터 음악교사였던 어머니 밑에서 클래식 음악 등을 많이 듣고 자란다. 그리고 어릴 때는 발레수업을 받기도 했다. 그녀는 그가 발레를 싫어한다는 것을 알고 난 다음 움직임(movement)의 근원이 어딘가? 라는 의문을 가진다.

던컨은 발레 무용수들은 기계적인 사람들로 생각했고, 그녀 자신의 움직임의 원천을 발견하고 싶어 했다. 그녀는 그 원천이 태양계로부터 와서 밖으로 흐른다고 생각했다. 이렇게 뭔가 밖으로 흐르는 움직임의 발견과 그녀의 깊은 음악에 대한 이해능력이 던컨을 현대무용의 1세대로 이끌었다. 던컨은 무용수로서 성공하기 위해 뉴욕의 극장을 찾아 나섰다. 하지만 당시 극장 무용에서는 잘 빠진 늘씬한 곡선미를 관중들에게 보이는 것이 모든 것이었고, 무용을 통한 메시지 전달 같은 것은 상상도 못하고 있었다. 또한 무용수들 자신들도 '생각하는'것 자체가 없는 것 같았다. 던컨은 극장 측에 몇 번 그녀의 무용예술에 대한 의견을 제시하지만 전혀 반응이 없었다.

이사도라 던컨, 1905

던컨은 '워싱턴 포스트 행진(The Washington Post March)' 같은 쇼 무용에서 하이키킹 댄스를 추거나 혹은 섹스피어 연극에서 서막을 위한 짧은 춤을 수행하는 자신의 모습에서 환멸을 느낀다.

이런 상업무대에서 떠난 던컨은 살롱형식으로 된 장소에서 무용을 하기 시작한다. 시인들은 시를 읽고, 음악가들은 연주를 하고, 무용수들은 무용을 하는 고급 사교장으로서 나름대로 귀중한 예술을 사랑하는 장소였고, 던컨에게는 생활을 해결할 수 있는 결정적인 직장이기도 했다. 던컨은 뉴욕의 많은 가정을 방문하여 무용을 하기도 한다.

결국 던컨은 더 넓은 곳을 지향하고, 유럽을 생각하게 된다. 1899년 그녀는 어머니와 함께 런던에 도착한다. 여행비용은 뉴욕의 사교 클럽 살롱의 여자 손님들의 후원 덕분에 해결되었다. 런던에서도, 뉴욕과 마찬가지로 살롱에서 성공적으로 무용을 하게 되었으며, 약 1년 후, 파리에서 살롱 무용공연 기회를 갖는데, 여기서 런던과 뉴욕과는 완전히 다른 형태의 결정적인 성공을 거둔다. 즉 던컨의 룸이 당시 살롱에서 감상했던 파리의 작가, 음악가, 미술가, 조각가 등으로부터 대호평을 받게 된 것이다.

이때부터 그녀의 남은 예술 인생은 유럽 취향이었고, 유럽을 지향하였다. 그리고 그때부터 1909년까지는 미국에 다시 돌아오지 않았다. 그녀는 그 이후에는 극히 가끔씩 미국을 방문하기도 했지만, 유럽이 그녀의 모든 근거지가 되었다. 그녀는 고국인 미국에서 받지 못한, 예술가로서의 존경을 유럽에서 받는다.

던컨이 도착할 당시의 서구 유럽은 무용이 쇠퇴한 때였다. 1909년 디아길레프의 발레 뤼스가 1차 시즌을 시작하면서 유럽에 발레가 되살아난다. 그러나 이런 분위기 속에서도 던컨이전부터 많은 무용수들이 동유럽, 중동지역 미국, 등에서 와서 이국적인 무용을 선보였으며, 좋은 반응을 받기도 했다.

특히 미국의 무용수들은 서구 유럽에 강렬한 인상을 심었다. 던컨이 1900년에 파리를 방문하기 몇 년 전에 루이 풀러가 이미 파리를 다녀갔고, 데니스(St. Denis)는 1906년에 파리를 방문 공연한다. 그들 모두는 더욱 새롭고 풍요로운 무용의 세계를 보여주는 메신저로 열렬한 환영을 받는다.

던컨 이전에 벌써 유럽에서 상업적으로 성공하고 있던 루이 풀러는 던컨을 그녀의 독일공연에 초대한다. 독일공연은 대성공으로 끝나고, 이 공연 성공의 여파가 그녀를 헝가리의 부다페스트 공연을 가능케 한다. 짧은 일정으로 예정됐던 부다페스트 공연은 폭발적인 관중들의 인기 때문에 한 달로 연장되기도 했다. 그리고 부다페스트 공연은 유럽전역을 거쳐 러시아 공연까지 이어지게 한다.

모든 사람들의 열광적인 성원을 받게 되었고, 특히 그녀가 가는 곳마다 무용학교를 세워, 어린 학생들에게 무용창조 의욕을 불러 넣으려고 했다. 베를린, 뉴욕, 파리 그리고 모스코바 등에 학교가 세워졌으나 성공적이지는 않았다. 학교 실패의 가장 큰 이유는 던컨이 '기법(Technique)'보다는 그녀의 열정으로 무용을 수행했으며, 그녀 고유의 체계적인 무용 움직임을 개발하지 않았기 때문이다.

던컨은 음악의 중요성을 인식하고 있었다. 그녀는 음악을 집중해서 들으면, 자연스러운 움직임을 만들 수 있는 영감을 느낄 수 있다고 했다. 음악의 내면 깊은 소리를 찾아 내면은, 완벽히 균형 잡힌 예술적인 움직임을 찾을 수 있다고 했다.

노년기의 던컨은 소위 말하는 '던컨 움직임(Duncan movement)'을 수행한다는 무용수들이 그녀의 무용이론을 망치고 있다고 한탄했다. 그녀는 무용이 단순히 음악을 모방해서는 안 되고, 음악을 이상화시킨 다음 자연스럽게 무용에 녹아나야 된다고 했다. 그 이후 많은 무용학교에서 던컨의 방식을 지도하려고 했으나, 던컨 자신 외에는 보여줄 수 없는 성격의 무용이었다고 하며, 음악에 의한 조화스럽고 충동적인 움직임을 창조하는 던컨의 무용은 체계적으로 교육되기 어려웠다. 다시 말하면, 던컨의 무용방식이나 이론이 직접적으로 현대무용에 기여한 것은 크지 않을 수도 있다. 하지만 그녀가 현대무용에 미친 결정적인 공헌은 무용을 예술로 이끌었다는 것이다.

던컨은 무용이 모든 무대예술의 근본이라고 믿었고, 연극보다도 오래된 예술이라는 확신을 가지고 있었다. 당시 일반극장에서 유희처럼 벌어지는 무용은 실질적인 무용이 아니라고 했다. 이런 확고한 신념 속에 초기 무용수 생활의 극심한 경제난 속에서도, 그녀들 단순히 '첫 번째 맨발의 무용수(the first bare foot dance)'라고만 선전하는 극장 측에 반발하여 무대에 서지 않은 적도 있다.

그녀는 무용은 단순한 오락이나 여흥으로서 끝나서는 안 된다고 했다. 그녀는 심각한 무용수이며 예술가였다. 따라서 던컨은 그녀의 처세에 맞는 존경을 받았던 것이다.

심도 높은 예술가로서 던컨은, 음악도 단조롭고 의미 없는 음악의 아니라, 유명한 작곡자들의 음악을 사용했다. 그 당시 발레가 극장예술로서 완벽히 자리 잡았던 러시아에서도 무용에서 음악은 큰 중요성을 띄지 못했다. 러시아 황실 발레극장(Imperial Ballet Theatre)에 음악 담당 책임자로 임명되는 것은 거의 명예직에 가까웠다.

새로운 음악을 창출하는 작업이 아니라, 기존 음악을 응용하는 수준이었다. 좋은 음악이 나올 때도 있었지만, 거의 모두가 음악적으로는 좋지 않은 작품들이었다.

던컨은 자신의 무용에 와그너(Wagner), 베토벤(Beethoven) 그리고 쇼팽(Chopin)의 음악을 도입한다. 그녀는 그녀의 순수하고 심각한 무용 예술을 추구할 때면, 당대의 가장 뛰어난 음악가의 협조를 받았다. 던컨은 살아있는 동안 클래식 음악을 무용에 도입시켰고, 무엇보다도 무용을 심도 높은 무대예술로 끌어올렸다.

2. 루이 풀러(Loie Fuller)

던컨보다 16년 연상인 루이 풀러(Loie Fuller)는 던컨과 마찬가지로 무용에 대해서 심각한 예술적인 목표가 있었다. 하지만 풀러는 감성적 표현보다는 경쾌하게 움직이는 효과에 관심이 많았다. 그는 1864년 어린 나이에 무용수로서가 아니라, 극중에 종교적인 시를 암송하는 역으로 극장에 입단한다. 이후 차츰 능력을 인정받아 코미디 배우 역을 맡게 된다. 이 과정에서 그녀가 무용훈련을 받은 흔적은 없다. 그런데 어느날 우연히 무용수로서의 길이 열린다.

연극의 한 역할 중에 최면술에 거리는 장면이 있었는데. 여기서 그녀의 소용돌이치듯 경쾌한 몸짓이 대성공을 거두고, 그녀의 이 역할은 독립된 무용수의 역할처럼 된다. 그 당시로서는 특이했던 조명 속에 펼쳐진 그녀의 무용 움직임은 큰 인기를 얻는다.

이사도라 던컨, 1905

그녀는 미국 현대무용 개척자 트리오 중 제일 첫 번째로 유럽을 방문했다 그녀가 첫 번째 방문했던 곳은 독일이며, 그다음 1892년에 프랑스로 여행한다. 풀러는 프랑스에서 4개의 무용 작품 '스펀타인(The Serpentine)', '보라빛(The Violet)', '나비(The Butterfly)' 및 '백색 무용(The white Dance)' 등을 발표하여 자리를 굳힌다.

풀러가 생각한 무용은 어떤 생각을 자연스럽게 동작으로 나타내는 것이었다. 그녀의 무용에 대한 생각은 대단히 설명적이며 사실적이었다. 특히 꽃이 핀 모습, 불꽃이 타오르는 모습, 나비 같은 곤충의 움직임 등 자연현상을 무용으로 나타내려고 했다.

그녀의 무용은 어떤 현상을 추상적으로 표현한다기보다, 그대로 묘사한다는 것이었다. 음악의 시각화(Visual Realigation of Music)에 몰두한 던컨도, 풀러의 예술에는 찬사를 보냈다. 그리고 당시 많은 풀러의 모방자들이 있었지만. 결코 그들은 풀러의 독창적인 형식과 집중성을 따를 수 없었다. 이런 맥락에서 본다면 던컨의 무용과 마찬가지로 풀러의 무용도 그 다음 세대로 쉽게 전달되는 성질이 아니었다고 볼 수 있다.

풀러의 신체는 오늘날 무용수들의 체형이 아니었다. 그녀는 체형이 컸으며, 그녀의 무용은 주로 몸통으로부터 나왔고, 특히 팔의 움직임이 감성적이었다. 그녀는 결코 점프를 하지 않았으며 또 그녀의 무용에서는 그럴 필요도 없었다. 그녀의 의상 속에 교묘히 숨긴 지지대를 이용하면서, 그녀는 넓은 무대를 완전히 효과적으로 장악해 나갔다. 옷 속에 감춰진 이 지지막대는 그녀가 나비무용을 할 때 날개의 역할을 하기도 했다. 그리고 그녀는 조명효과에 관심이 많았다.

그녀는 조명과 의상을 조화시켜 특수한 효과를 얻었다. 그 당시로는 상상하기 어렵던 조명을 사용해 무용표현력을 높였다. 그녀는 언제나 공연에 특수 전기 요원들을 데리고 다녔다. 그녀의 조명에 대한 거의 비법에 가까운 정도의 활용지식은 그녀의 공연과 다른 사람과의 공연에 큰 차이가 생기게 했다. 그리고 그 당시 실제로 많은 풀러의 모방가들이 똑같은 규모의 조명을 사용하며, 풀러 무용을 모방했으나, 그녀의 완벽한 스타일을 따라갈 수 없었다.

상업적인 극장을 혐오했던 던컨과는 달리, 풀러는 이런 공연을 즐겼고, 연극적 기법을 무용에 마음껏 사용했다. 그녀는 이간형체로 에니메이트시킨 의복을 무대 공간에서 움직이면, 일시적이지만 대단히 큰 무대효과를 얻는다는 것을 보여주기도 했다.

물론 이런 것들이 신체적인 표현에 의한 무용은 아니었지만 무대효과를 극대화 시킬 수 없었다. 어떻게 보면 풀러의 이런 생각들은 던컨의 육체적인 표현보다 더 근본적인 변화를 추구하는 것일 수도 있었다. 비록 던컨이 전통적인 관습이나 의상형태 등에 반대했지만, 그녀의 무용은 사람이 하는 것이었다. 하지만 풀러의 무용은 한줄기 강한 빛에 모여드는 곤충 같은 춤이었다. 풀러는 인간화 되는 무용을 거부하면서 빛나게 움직이는 물체가 되기를 원했다. 극장에서 잔뼈가 굵은 풀러는 무용을 통해 극장의 표현력을 높였다고 볼 수 있겠다.

3. 루스 데니스(Ruth St. Denis)

던컨이나 풀러와 마찬가지로 루스 데니스(Ruth St. Denis)도 그녀의 무용수 생활을 극장에서 시작한다. 1930년 초에 극장을 그만 두고, 그녀가 그 이후 추구해왔던 감성과 육체적 움직임의 혼합이라는 그녀의 무용철학에 본격적으로 전념하기 시작한다. 던컨이 약간은 고집스러운 현대무용 개척의 길을 갔다면, 풀러는 무대 기술이용의 달인이었다고 볼 수 있고, 테니스는 무용의 감성적 이상향을 추구하면서, 많은 후배들을 무용의 길로 입문시킨다.

데니스는 1877년 태어났다. 어릴 때부터 리드미컬한 움직임을 좋아했고, 발레 수업도 받지만 그녀가 싫어서 중단한다. 독실한 종교적인 가정 분위기로 종교재단의 학교로 진학하지만, 교리가 맞지 않아

중간에 그만두기도 한다. 그녀는 전문 무용수가 되기를 원해서 브로드웨이 극장 무대에 뛰어든다. 그러나 그녀의 딱딱한 듯한 자태 때문에 놀림을 받아가면서도 어느 정도 성공을 거둔다. 그리고 저드슨가의 (1960년대 포스트 모던 무용의 탄생지)를 건축한 건축가 스탠포드 화이트(Stan ford White)의 후원도 받기 시작한다.

데니스는 루이 풀러의 무용에 감동하기도 했으나, 우연한 기회에 그녀의 무용목적을 찾는다. 데니스는 이집트 담배 광고 포스트에 나와 있는 이집트의 여신 '아이시스(Isis)'의 자태에 매료된다. 그녀는 이집트 여신의 우아함을 추구하는 것을 그의 무용목표로 삼게 된다. 그녀의 무용 의상도 아이시스 여신에 맞추고, 이집트 여신과 같은 무용 포즈를 만든다. 1906년에는 이집트 여신을 주제로 한 솔로 무용을 한다.

당시만 하더라도 여성 무용수들의 공연은 저녁 보여질만한 가치가 없다고 하여, 여성무용 공연은 낮에만 열렸다. 그러나 3년 후인 1909년에 데니스는 이 장벽을 허문다. 이런 공연을 통해 충분한 경비를 마련한 데니스는 풀러와 던컨의 발자취를 따라 파리에 진출하고 큰 환대를 받는다.

계속 독일로 공연여행을 떠난 데니스는 많은 독일의 예술가들의 찬사를 받는다. 열광적인 독일 사람들의 환영 때문에 그의 공연은 연장되었고, 독일의 어느 극장에서는 그녀가 독일에 머문다면, 그녀가 원하는 대로의 극장을 따로 건립하겠다는 제의까지 받는다. 하지만 그녀는 미국으로 돌아와 1910년부터 다시 미국 순회공연에 들어간다.

그 당시 그녀의 작품은 주로 극동이나 중동의 설화를 주제로 한 것

들이었다. 'Incense', 'Radha', 'The Cobras' 및 'Nautch' 같은 작품을 공연했다. 데니스는 이 작품들을 교묘한 의상과 온몸을 흘러내리는 움직임으로 이국적으로 표현해냈다. 그녀는 특히 상체의 움직임이 빛났다. 가슴과 팔이 연결되면서 흘러내리듯 만들어지는 움직임은 관객들의 탄성을 자아내게 했으며, 그녀 몸의 유연성에 놀란 독일 의사들은 데니스의 팔의 구조가 생체학적으로 다른 사람들과 다른지 검사해보자는 의견도 냈다. 하지만 검사결과 그녀의 팔 구조는 정상이었다는 것이 판명된다. 미국으로 돌아와 그녀는 다시 저녁공연이었던 이집트(Egypt)에 주역을 맡는다.

그로부터 몇 년이 지난 후, 1914년에 데니스는 당시 이렌(Irene)이나 버논 카설(Vernon Castle) 등이 수행하여 인기를 얻고 있던 사회무용(Social dancing) 형식의 무용에 관심을 가지게 되며, 그녀와 상대로 남자역을 할 무용수를 찾는다. 그녀는 테드 숀(Ted Shawn)을 자신의 파트너로 선택하고, 그들은 곧 결혼하게 된다.

그들의 결혼은 미국의 최초의 틀을 잡은 현대무용단 '데니숀 무용단(The Denishawn Company)'의 창립으로 이어진다. 미국의 주요 무용단이 된 데니숀 무용단은 예술로서의 무용과 쇼 성격의 비즈니스를 적당히 혼합시킨 무용단이다.

그들은 함께 미국 전역에 데니숀 무용학교를 설립하고 미국 및 세계 전체의 무용공연을 나선다. 그리고 1919년부터 음악 감독을 맡은 루이 호스트(Louis Horst)는 무용단의 음악수준을 높였으며, 특히 당대의 모든 앞서 가는 음악을 무용단에 도입시키기도 했다. 실제로 그는 당시에 미국에는 알려지지 않았던 에릭 세티(Erik Satie)의 음악 'Gnossienme, Number 1'을 무용단의 작품에 사용하기도 했다.

솔로로서 빛나는 스타 무용수였던 데니스는 숀을 파트너로 하여 상업적 그리고 무용 역사적인 성공을 거둔다. 현대무용 개척자 트리오 덩컨, 풀러, 데니스 중 데니스만 유일하게 그녀의 무용단, 데니숀 무용단을 통해 길러낸 그녀의 제자들로부터 존경받는 연속된 무용생활을 했다. 다른 두 개척자들은 비록 무용 자체에 대한 공헌은 컸지만, 그들의 계보는 단절되고 말았다.

이런 맥락에서 보면 미국 현대무용의 실질적 잉태자는 루스 데니스가 될 수 있다. 그녀의 끊임없는 격려가 그녀의 후배들이 현대무용의 틀을 만드는 결정적인 힘이 된 것이다. 그리고 데니스의 무용학교에서는 무용에 관한 모든 지식을 교육하려고 했다. 발레부터 민속무용까지 모든 무용을 교육해 학생들이 무용지식에 대한 넓은 틀을 형성할 수 있도록 했다.

1931년에 데니스와 숀이 헤어져, 각자의 무용의 추구에 나선다. 데니스는 종교적인 의식과 무용 표현을 조합시키려는 노력을 시작했고, 숀은 남성 무용단을 조직하여 무용이 남자에게도 맞는 직업임을 보여준다. 그의 이런 노력 덕분에 무용학교에 남자 무용수들의 숫자가 증가하기도 했다. 남자 무용수들의 증가가 없었다면, 현대무용은 아마 대단히 비균형적으로 발전했을 것이다. 그리고 현대무용이라는 것이 단순한 여성 무용수들의 차지로 끝났을 수도 있었을 것이다.

4. 마사 그레이엄(Martha Graham)

마사 그레이엄은 1894년 미국의 펜실베니아에서 태어나, 1908년 캘리포니아의 산타바바라로 옮겨 첫 번째 무용교육을 받는다. 그녀는 20살이 지난 늦은 나이로 1916년 데니숀 무용학교(Denishawn)에 입학하고, 1919년부터 1923년까지 데니숀 무용단에서 무용지도를 하면서 단원으로 활약한다.

1923년 그레이엄은 데니숀 무용단을 떠나 그녀 자신의 솔로 작품을 만들기 시작한다. 그 이후 그레이엄은 그녀의 자서전에서 "내가 만약 데니숀 무용단에 계속 머물렀다면, 아마 나는 (섹시한 작은 무용수(sexy little thrings)'로 계속 남았을 것이다."라고 했다.

그녀는 그 당시 데니숀의 무용추구는 틀렸다고 생각했다. 예술은 오락이 아니며, 대중의 인기에만 연연해서는 안 된다는 것이었다.

하지만 엄격하게 보면 초기의 그레이엄 작품은 그녀의 데니숀 무용단의 경력, 즉 이국적인 냄새가 물씬 풍기기도 했다.

그러나 1929년에 발표된 작품인 'Hertic'과 'Skeches for the People' 없는 기법과 형식을 표현하기 시작했으며, 명쾌한 사회적 메시지(clear social message)를 무용주제로 삼는다. 무용수들이 무대 중심으로 모였다가, 다시 여러 가지 모양과 타이밍을 가지면서 흩어지고,

다시 모이는 형태를 보인 'Hertic'은 특히 성공적이었다.

그 다음해에 그레이엄은 음악이 없는 무용을 그녀 작품 'Project in Movement for a Divine Comedy'에서 시도한다. 그러나 그 이후 그레이엄은 음악이 없는 무용시도는 다시는 하지 않게 되고, 음악이 그녀 무용의 중요한 부분이 된다.

비록 그녀의 무용작품은 설명적(Narrative)인 작품부터 추상적(Abstract)인 작품까지 다양했지만, 전체적으로 보면 그녀 작품은 추상적이라기보다는 드라마틱하고 표현적(expressive)이었다고 볼 수 있겠다. 가끔 그녀의 작품 '원시의 신비(Primitive Mysteries)'나 '전방(Frontier)'에서 볼 수 있듯이, 설명적인 요소와 추상적인 요소가 혼합된 경우도 있지만, 그레이엄 작품의 주요 흐름은 '감정표현(Immediate Tragedy)'은 스페인 내란의 비극을 그린 작품이다. 하지만 그녀가 이런 작품도 발표했지만, 그녀의 작품은 당대의 사회 정치적인 문제를 노골적으로 다루려는 시도는 하지 않았다.

당시 너무 사회적인 이슈를 다룬 다른 안무가들의 작품들은 마치 사회의 뉴스전시회처럼 되어 버리기도 했다. 그레이엄은 무용에서 예술적인 요소와 정치적인 요소의 균형을 완벽히 잡고 있었던 것이다.

그레이엄은 데니숀 무용단 시절에 경험했던 관능적이며, 이국적인 무용추구를 배격했으며, 그녀 작품에 끊어서 주입하여, 나머지 여백의 움직임은 관객들이 상상할 수 있도록 한다. 예를 들면, 그녀의 팔 움직임은 완벽한 원을 그리는 것이 아니고, 샤프한 제스츄어로 끝내어 관객들이 나머지를 유추하도록 했다.

그녀는 특히 그녀 초기작품에 한 시대나 지역의 무용이 아니라, 다양한 시대의 무용과 다양한 지역에서 일어난 주제의 무용을 추구했다. 모두 1931년에 발표한 그녀의 작품 'Two Primitive Canticles', 'AIncantation', 'Dolorosa' 등에서 이를 볼 수 있고, 1932년에 발표한 그녀의 작품 'Ceremonials'는 예수탄생 이전의 종교의식을 오늘날 우리들도 쉽게 이해될 수 있도록 무용을 해석해낸다.

그리고 그녀는 그 이후부터는 미국의 전통을 꾸준히 추구하는 안무작업을 전개했다. 그녀작품 '전방(Frontier)'이 이런 류의 첫 번째 작품에서 배격해오던 '부드러움'을 수용했다. 정확한 움직임 속에서도 향수와 따듯함이 함께 했다.

이 무용은 무한한 대지를 한 지역씩, 한 지역씩, 정복해 나가는 여성의 경이적인 힘을 나타낸 솔로였다. 무용 움직임은 대단히 정교하게 안무되어 있었으며, 새로운 세상을 여러 가지 어려움 속에서도 정복해 나가는 개척자의 창조정신을 그런 작품이다.

그레이엄에게는 미국의 생활 그 자체가 그녀무용의 가장 풍부한 주제가 되었다. 그녀의 무용은 일종의 신화(myth)의 창조라고 볼 수 있다. '원시의 신비(Primitive Mysteries)'나 '어두운 초원(Dark Meadow)'까지 나선다. 미국에 대한 추구가 끝나는 즈음에서부터, 그레이엄은 다시 그리스와 히브류의 신화를 쫓는 추구의 대표적인 모습을 보여준다.

이 작품은 저녁 내내 공연되는 긴 작품이었다. 한편으로 그녀는 갈수록 그녀의 작품에 표현적인 모습을 강화시킨다. 무용을 완벽하게 표현적인 예술로 만들어내고, 그리고 이 표현적인 무용에 적용되고 있는 무용기법을 만들어낸 것이 그레이엄의 가장 큰 무용업적으로 볼 수 있다.

표현적인 무용에 적합한 무용기법을 창출해 낸 그레이엄의 업적은 상대적일 수도 있다. 어떻게 보면 이 무용기법은 완전히 그레이엄 본인 자신의 무용을 위한 기법이라고도 볼 수 있다. 그레이엄의 후배들 중에서도 그레이엄의 기법에만, 매달린 경우는 그레이엄의 그늘에 가려 영원히 빛을 못 본 경우가 많다.

헬렌 맥지(Helen Mcgehee), 버틀램 로스(Betrem Ross), 에델 윈트(Ethel Winter) 같은 그레이엄 무용단에서 가장 뛰어난 무용수들은 그레이엄의 기법추구에만 몰두하여, 그 이후 개별 안무가로 큰 빛을 발하지 못한다. 하지만 머스 커닝햄(Mere Cunningham) 같은 무용수들은 과감하게 그레이엄의 기법을 탈피하고 자신의 무용기법을 창출하여 새롭게 빛나는 무용안무가로서의 위치를 확보한다. 이런 의미에서 본다면, 그레이엄이 창조한 힘찬 표현능력을 지닌 무용기법은 그레이엄 자신의 무용추구에만 맞는 무용방식으로 볼 수도 있다.

그레이엄의 그녀의 작품에 비록 특정국가의 주제를 많이 적용했으나, 실제 그녀의 무용 의도는 그런 국지적인 의도가 있었던 것은 아니고, 인류보편적인 사상을 추구하고자 하는 것이었다. 즉 20세기의 미국 무용수였던 그녀는 마치 위대한 연극작가들이 고대 신화에서 오늘날의 진리를 찾는 것과 같은 의도를 가지고 있었다. 그녀가 고전신화를 추구했던 이유는 신화속의 인간경험을 오늘의 삶에 비추어 보려는 의도였다. 그녀의 무용은 비록 다른 시대, 다른 지역의 신화라 할지라도, 오늘의 무용 속에, 오늘의 무용수들이 충분히 그 경험을 표현해 낼 수 있다고 믿었다.

그레이엄은 추상적인 작품을 많이 만들지 않았다. 그녀의 음악의

상, 무대장치, 및 움직임들은 거의 모두가 순리적인 상태로 이루어진다. 그녀 무용단의 음악감독이었던 루이 호스트(호스트는 데니숀무용단의 음악감독이었으나 비엔나 음악공부를 마친 뒤, 다시 그레이엄무용단에서 일하게 된다.)는 음악의 테마에 맞는 무용을 권장했으며, 음악의 성격에 맞는 무용을 해야 된다고 했다. 그는 음악이 무용의 틀(frame)이 되어야 한다고 했다.

그는 그림에서 정확한 구성이 필요하듯이 무용에도 잘 짜여진 구조가 필요하다고 했다. 이젤의 화폭 속에 그려지는 그림처럼, 무용도 명확하고 분명한 무대구조의 틀과 성격을 가져야 한다고 했다.

호스트는 현대무용은 지적인 활동을 추구해야 된다고 했다. 현대무용은 오락을 위한 무용이 아니며 심각한 예술이 되어야 한다고 했다. 그리고 그 전 세대 예술가들이 생각하는 것과는 달리, 현대무용은 미술과 음악같이 학문적(Scholastically)이고, 세련된 고급예술이 되어야 한다고 했다.

그레이엄은 그녀 무용단의 음악감독인 호스트와 함께, 겉모양의 아름다움만 추구하던 무용의 한계에서 벗어나, 비록 아름답지는 못하지만(ugliness), 예술적인 의미가 있는 무용을 추구한 것이다. 어떻게 보면 그 당시까지 고착되어 있던 미국의 관객들의 인식을 변환시켜 보겠다는 의도였는지도 모른다.

5. 도리스 험프리(Doris Humprey)

도리스 험프리(Doris Humprey 1895-1958)와 음악 데니숀 무용단은 미국 현대무용계의 세 거성 마사 그라함, 도리스 험프리, 찰스 와이드만을 배출하였다. 마사 그라함은 독자적으로 길을 개척해 갔지만 험프리와 와이드만은 그들 작품활동에 있어서 상당히 밀접한 공동체를 형성해 가면서 각기 독립되어 많은 작품을 발표하면서 두 사람은 창작무용에 공통된 개념을 시도하였다.

험프리는 낙하와 회복(fall and recovery)의 이론을 공식으로 만들 어 이것을 '두 가지 죽음 사이에 걸쳐진 궁형의 호(Arc between two death)'라 하였다.

두 가지 죽음의 한쪽 끝에는 중력에 대해 완전히 굴복하는 자세가, 또 다른 한쪽 끝에는 균형과 안정을 달성하는 자세가 위치한다. 험프리에게 이 양쪽 끝의 어느 쪽도 그 자체로는 관심을 끌지 못하였다.

움직임에 대한 험프리의 접근과정은 스스로 내면에서 밖으로 나가는 움직임이라 불렀다. 그녀의 춤은 인간의 상황에 대한 은유였으며 자신의 생각을 상징적으로 요약하기보다는 오히려 움직임으로 드러내기를 더 선호하였다.

무용은 반드시 그 자체로서만 표현해야 하는 것이기에 단지 음악의 형상화라는 것만으로는 무용의 존재 가치에 대한 충분한 사유가 되지 못한다고 하였다.

음악에 대한 그의 견해는 편곡이나 곡의 변형에 대한 두려움을 갖고 있지 않는다면 가능한 생음악의 장점을 이용하도록 강조하였으며 안무가에게 보다 중요한 것은 창작적 충동이며, 안무가는 이것에 진실해야 하며 어떤 다른 타협도 필요하지 않다고 하였다.

험프리는 음악이 없는 무용에 대해 음악적인 풍요로움 속에서 다른 방법으로 주의를 집중시키기 위하여 계획적으로 소리를 배제시키는 것은 오히려 상반되는 효과를 나타낸다고 하였다.

무용의 시간 속에서 침묵적인 춤의 패턴을 만들었던 대표적 작품은 1930년경 초연되었던 〈물의 연구(Water Study 1928)〉였다.

그 작품에서 무용수들은 파도의 솟구침을 모방하여 등을 아취모양으로 하여 위로 뛰어오르기도 하고 내려앉기도 하며, 산산이 부서져 가라앉는 거대한 물의 무리처럼 만나고 흩어지면서 오직 유일한 소리는 뛰는 동작을 할 때 발 내딛는 소리와 자신들의 호흡소리 뿐이었다. 이것은 파도소리를 연상시켜 주었으며 자연스런 호흡동작을 위해 그녀 자신이 이른바 대뇌리듬(Cere bral)이라 불렀던 실험작이었다.

험프리는 대화의 방법도 무용에 적용시켰으며, 말은 〈언제〉, 〈어디서〉, 〈무엇〉 등을 표현함에 있어서 거의 즉각적으로 무용을 대신할 수 있으며, 무용가로 하여금 상황에 대한 감정적 분위기를 실감나게 해 준다고 하였다.

이런 작품 가운데 〈쉐이커 교도들(The Shakers. 1931)〉 등을 들 수 있다. 로렌스 음악으로 쉐이커교의 의식인 〈속죄하는 춤〉이라는 주제를 현대무용 수법으로 감동적이며 극적으로 표현한 것이다.

여기서는 움직임이 절정에 달했을 때 마치 감정의 폭발이 무용의 매개체에 더 이상 내재할 수 없다는 듯이 한 무용가로부터 소리가 자연스럽게 터져 나온다 말이란 무아지경에 이르러서도 특별한 의미를 지닌다. 이러한 소리의 효과는 무용을 위해 매우 효과적인 반주음악이 될 수 있다고 하였다.

이 소리의 효과는 〈심판(Inquest)〉이란 작품의 서막 부분에서 매우 특별하였다. 이 작품은 스튜디오 내에 있는 극장에서 공연되었으며, 그곳 무대 뒷면에는 분장실로 이르게 하는 나무로 만든 계단이 있었다. 멀리 떨어진 곳에서부터 도시의 거리로 몰려드는 사람들을 효과적으로 표현하기 위해 무용수들로 하여금 그 계단을 오르게 하면서 결국 무대 위에 나타나도록 하였다. 오직 유일한 소리는 나무계단을 밟는 신발 소리뿐이었는데 이 소리는 리듬적인 형태를 갖고 있었다. 이 작품은 희미하고 어두운 조명 속에서 매우 효과적이었으며 그녀가 무용수로 춤춘 마지막 작품이다.

써리나치(Surinach)가 작곡한 〈리트모 죤도(Ritmo Jondo)〉의 서막에서 일부러 손뼉이 사용되었는데 후에 이것은 첫 번째 무용 장면의 전체에 걸쳐 행하여지게 된다. 손뼉을 치는 소리는 꽤 흔한 일상적인 일이지만 우리 귀에는 시원한 감을 준다. 관람석에 앉아 있던 사람들은 오케스트라석에서 나오는 소리가 무엇인지 알아보려고 대부분 일어서 있었다.

험프리의 또 다른 작품 〈벌의 생활〉에서의 음악은 벌들의 웅웅거리는 소리로 반주되었다. 자연리듬을 기초로 메터링크의 세밀한 벌 연구소에서 영감을 받아 안무한 것이었다. 이 작품은 발레에만 국한되었던 연극적인 요소를 현대무용도 지닐 수 있음을 시사해 주었다.

자연을 주제로 한 독무 〈밤의 호수(Lake at evening)〉와 〈밤 바람(Night Winds)〉을 발표하였는데 상상력이 깃든 서정적인 아름다움과 시적 스타일을 지녔다.

험프리는 와이드만과 함께 브로드웨이 뮤지컬의 무용수준을 높이는 데도 노력하였다. 1933년 그들의 네 작품 〈바다연구〉, 〈쉐이커 교도〉, 〈링 주변〉, 〈외콜리 솔라티〉 등이 혼합된 〈미국인(American)〉을 안무하였다.

험프리는 무용가로서 교육자로서의 삶을 살면서 무용에 음악을 사용할 때 다음과 같은 견해를 이야기하였다.

무용에 음악을 사용할 때 필요한 기술적인 결정은 특히 현대음악 분야에 절실하며 대부분의 현대음악들은 거의가 복잡한 리듬구조에 의해 작곡되어졌기에 박자기호들은 자주 변화하고 멜로디의 시작과 끝이 소절의 중간에서 이루어지기도 하며 두 가지 리듬이 동시에 흐르기도 한다. 어떤 동작을 하면서 동시에 복잡한 박자를 세어야 한다는 것은 무용수들에게 너무 어려운 문제이며 결과적으로 혼란이 올 뿐이다.

이때 그 음악의 박자들을 너무 세려고 하지 말고 다만 기본적인 리듬의 맥박에 귀를 기울일 것과 악기가 시작되고 끝나는 부분의 음을 듣고 전체적인 느낌을 이해하며 집단이 함께 움직일 수 있도록 다이렉트큐(direct-cue)적인 방법을 이용하도록 하였다.

무용반주의 사용에 있어서 반주에 적절한 음악은 여러 가지 있으나 무용음악을 선정하는 열쇠는 안무의 의도와 동기에 꼭 맞는 음악을 찾는데 있다고 하였다.

무용이 음악적인 구성을 답습하거나 모방해서는 안 되겠지만 무용과 음악 두 분야는 기본적인 느낌에 있어서 유사성을 가져야 한다고 하였다. 특히 다양성이 없는 음악을 가지고 작업을 할 때에 일어나는 현상은 반복되는 동작을 선택하게 되며 교향악단과 같이 큰 규모의 악기 구성은 일반적으로 무용반주에 적합하지 않다고 하였다.

완전한 규모의 교향악단은 적은 수의 무용수들이 하는 동작을 압도하게 마련이고 그러한 반주에는 음악의 크기와 심도에 맞는 많은 수의 무용수들이 필요하기에 삼중주나 사중주와 같이 숫자가 적은 음악이 대체로 무용에 좋은 반주가 될 수 있다고 하였다.

어떤 지역에서는 오로지 낭만적인 음악만이 무용에 적합하다고 생각하였고 또 다른 부분에서 그것은 시대에 뒤떨어진 것이라고 생각하였다. 많은 무용연출가들은 음악적인 악귀와 박자를 고수하는 것만이 올바른 연습방법이며 그 밖의 다른 것들은 모두 비음악적인 것이라고 생각하였다.

도리스 험프리는 무용에 따른 반주음악은 반드시 있어야 하지만 음악의 매소절이나 악귀, 또는 음부마다 따라갈 필요는 없으며, 그러나 자신의 편의를 위하여 곡의 부분들을 임의로 자르거나 작곡시키는 것은 용인될 수 없다고 하였다.

험프리와 와이드만의 테크닉은 현대무용에서 가장 뛰어난 이론이며 험프리의 무용철학은 인간은 필연적으로 선이라는 사상에 입각하고 있으며, 영적인 세계와 숭고한 인간의지 및 물질세계를 공존시켰다.

6. 찰스 와이드만(Charles Weidman)

찰스 와이드만(Charles Weidman)은 1930년 미국의 경제 대공황의 어려운 상황에서도 언제나 따뜻하고, 자연스럽게 우러나오는 유머를 가졌던 무용수이다. 그의 작품은 어두운 부분도 다뤘지만 그에 못지않게 밝고 명랑한 무용도 안무한다.

그의 안무는 주로 그의 코믹한 센스가 창조적인 아이디어로 연결되고, 인간의 순수함을 많이 보여준다. 그리고 특히 무용연기자로서 그의 섬세한 마임은 압권이었으며, 그는 마임의 달인이라고 불리기도 한다. 그는 같은 공연도중에 근엄한 남자신사 역에서, 갑자기 몸의 자태를 변신시키면서 애교어린 젊은 여자의 모습으로 바꾸기도 했다.

와이드만은 미국 네브라스카주에서 토목공학 일을 하는 부친에게서 태어난다. 그의 아버지는 그의 뒤를 이을 것을 원했지만, 와이드만은 결코 그럴 생각이 없었고, 데니숀 스쿨에 입학하여 무용공부를 시작한다. 입학한지 얼마되지 않아 그의 무용능력은 인정을 받고 데니숀 무용단의 주역 무용수로서 발탁되어, 마사그레이엄의 상대역으로 테드 숀의 작품 'Xochitr'에 출연하기도 했다.

앞에서 말한 대로 1927년 도리스 험프리와 함께 무용단을 만들어, 많은 공연을 하기도 하였으며, 현대무용 기법의 하나인 '험프리'·'와이드만 기법'(Humphrey-Weidman Technique)'을 만들기도 했다. 와이드만의 경쾌한 무용안무는 당시 심각하게만 빠져들던 현대무용의 안무를 뭔가 안도하게 만드는 역할을 한다.

타고난 천재적 마임 무용수로서 그는 완전히 무용화된 마임을 선보인다. 그는 1940년에 발표된 '나의 어머니 곁에서(On My Mother's Side)'

및 1943년에 발표된 '나의 아버지는 소방수' 등에서 음악이 아니라 말로 이어지는 음성대사에 맞추어 무용했다.

1931년에 발표된 'The Happy Hypocrite'에서는 성직자의 가면을 쓴 난봉꾼 조지 헬 공작(Lord Geroge Hell)을 풍자한다. 볼테르(Voltaire)의 해학극에서 따온 'Candide'는 1933년에 발표되었는데, 한 남자가 그의 부인에게 정원에서 신화 속에 나오는 괴물을 보았다고 이야기한다.

비록 와이드만의 작품 경향이 밝고 코믹했지만, 일부 그의 작품은 심각한 내용을 담기도 했다. 1936년에 발표한 '린치타운(Lynchtown)'에서는, 무지한 야만의 군중들이 그들이 일방적으로 선택한 죄 없는 희생자를 린치하는 장면이 나온다. 참혹한 폭력의 모습이 무대 위에서 묘사된다.

미국 현대무용 창시의 두 거장인 그레이엄과 험프리는 그들의 추구하는 목표는 여러 가지로 유사한 점이 많았으나, 그레이엄의 무용수들과 험프리의 무용수 사이에서는 적지 않은 라이벌 의식이 있었다. 하지만 그들은 여름의 워크샵, 무용페스티발 등이 있을 때마다 함께 모여 현대무용에 대한 기법연구와 미래에 대해 함께 의논했다.

그들은 무용사를 연구하고, 무용제작법을 함께 토론하면서, 무용의 사회적 의미까지도 당시 무용이론가이며, 현대무용 애호가인 존 마틴(John Martin)으로부터 강의를 받기도 했다. 이렇게 미국의 현대무용은 여러 사람들의 노력으로 그 틀을 잡아가게 된 것이다.

제2절 | 유럽 현대무용의 개척자들

1. 루돌프 라반(Rudolf laban)

대서양을 건너 중부 유럽, 특히 독일지역에서 1910년대부터 또 다른 무용 혁명(Dance revolution)이 진행되고 있었다. 유럽 현대무용의 선구자는 루돌프 라반(Rudolf laban)이다.

루돌프 라반은 1879년 중부유럽의 헝가리에서 태어났다. 헝가리는 서방유럽과 동부유럽 그리고 터키의 영향까지 받는 유럽 문화의 용해 지역으로 볼 수 있다. 그는 어릴 때부터 민족성 짙은 헝가리 국가 무용(national dance)을 배우고, 고전발레 등 기타 주변 국가들의 무용에 깊은 관심을 가진다.

특히 그는 주변 여러 국가들 무용의 움직임들을 유심히 관찰하면서, 인간의 움직임을 통해 감정표현방식에 대해 많은 연구를 한다. 그리고 중세의 노동현장을 연구하면서, 극대화시켰는지 살폈다. 즉 그들이 어떤 움직임의 리듬이나 패턴으로 그들의 노동효율의 극대화시켰는지 살핀 것이다.

라반은 1910년 프랑스의 파리로 건너가 무용의 드라마틱한 표현방법과 클래식 발레의 순수한 움직임의 근원에 대해 연구한다. 그리고 훗날 그의 가장 큰 무용업적이 되는 다양한 무용기법(dance notation)에 대한 연구를 시작했다.

1917년에는 다시 독일로 건너가며, 1926년에는 글루크(Gluch)의 음악에 맞춘 '돈 환(Don huan)'을 발표하고, 그가 직접 무용수로 출연한다. 이 무용에서 그는 기존 전통의 클래식 발레 움직임을 배제하고,

자연스러운 움직임을 통한 무용수로 출연한다. 이 무용에서 그는 기존 전통의 클래식 발레 움직임을 배제하고, 자연스러운 움직임을 통한 무용표현을 한다. 그리고 그는 여러 작품들을 발표하는데, 그의 무용을 보고난 관객들, 특히 노동자들이 그의 무용을 배우고 싶어했다.

당시 1차 세계대전에 패배한 후유증에 쌓인 독일에서는 뭔가 국민들을 위한 레크리에이션(recreation)이 필요했으며, 그리고 발레가 번창했던 러시아와는 달리, 클래식 발레의 발전도 없었기 때문에 라반의 새로운 무용창조 시도는 사회 전체적으로 큰 호응을 받았다.

라반은 이런 분위기를 감지해 일종의 레크리에이션 형태의 무용인, 훈련을 받은 무용수나 훈련을 받지 않은 일반인들이 함께 조화롭게 무용할 수 있는 시스템, 즉 '움직임의 합창(the movement choirs)'을 창안해 낸다. 라반이 창안해낸 '움직임의 합창(the movement choirs)'은 독일 전역에 큰 반향을 불러일으켜, 히틀러가 권력을 잡기 전까지, 약 60여개가 독일전역에서 활동한다. 음악과 악기가 없이 움직임의 합성만으로 이루어지는 이 무용은 큰 성공을 거둔다.

1930년 5월 라반은 베를린 국립극장(Berlin State Theatre)의 예술 감독으로 취임한다. 여기서 그는 베를린 오페라하우스(Berlin Opera House)의 부속 발레 학교 학생들의 교육현장을 더욱 자세히 관찰하게 된다. 그는 여기서 최소한 청소년기 때까지는 모든 어린이들은 자연스러운 표현에서 나오는 자연스러운 움직임만 해야 되며, 억지로 틀에 짜인 움직임의 스타일에만 매달려서는 안 된다고 확신하게 된다.

히틀러의 집권이 창의적인 예술작업을 불가능하게 한다고 느낀 라반은 영국의 이주한다. 그때 그는 많은 중요한 무용자료들을 독일에

두고 왔기 때문에 모두 사라져 버렸다. 그는 영국의 따뜻한 분위기에 만족하면서, 그 동안 연구해 왔던 움직임(movement)에 대한 생체물리학적(biophysics), 해부학적(anatomy), 생리학적(physiology) 지식을 영국의 산업현장에 적용시킨다.

당시 2차 세계대전이라는 전쟁의 소용돌이 속에 많은 남성들이 전쟁터로 떠난 산업현장의 자리를 여성들이 수행하게 되었다. 그는 그가 연구한 과학적인 움직임의 방식을 여성근로자들의 노동방식에 적용시킴으로 산업생산성을 높였다. 그리고 그가 당시에 산업현장에 적용시켰던 움직임의 연구방식, 즉 '시간과 움직임의 연구(time and motion study)'는 다시 역으로 무용 안무가들이나 무용 지도자들의 무용연구방식 발전에 큰 도움을 준다.

앞에서 보았듯이 이사도라 던컨 등의 무용이 근본적인 무용기술의 틀이 없이 진행되었지만, 라반은 철저한 연구 속에 이루어진 자신의 확고한 움직임에 대한 이론을 가지고 있었다. 그는 고착되어 있다시피한 클래식 발레의 라인이나 포즈를 배격하고, 완벽한 긴장(complete tension)과 완벽한 이완(complete relaxation) 사이에서 생기는 자연스러운 움직임의 변화가 표현하는 무용을 만들어낸 것이다.

그리고 그는 무용에서 남성 무용수의 역할을 강조하면서, 남성 무용수의 힘찬 에너지와 충동성은 무게감 있는 움직임을 만들어내어, 가볍고 미끄러지듯이 떠다니는 여성 무용수들의 움직임과는 또 다른 큰 의미를 지닌다고 했다.

라반은 두 명의 훌륭한 제자를 두었다. 쿨트 요스(Kurt Jooss)와 매리 뷔그만(Mary Wigman)이었다.

2. 쿨트 요스(kurt jooss)

쿨트 요스(kurt jooss, 1901–1979)는 독일 슈투트가르트에서 음악을 공부했으며, 1920년에 라반의 첫 번째 제자가 된다. 그리고 라반을 도와 라반의 무용기보학, 즉 '라바노테이션(Labanotation)'의 발전에 큰 몫을 담당한다.

쿨트 요스는 현대무용에서 고전 클래식 발레의 기법을 완전히 배제시키지는 않았다. 그는 현대 무용에도 발레의 기법이 꼭 필요하다면, 그리고 그 발레의 기법이 무용의 표현에 자연스럽게 어우러진다면, 결코 이를 의도적으로 제외시킬 필요는 없다고 했다. 하지만 그는 그의 무용에서 포인트 무용이나 포인트 신발은 완전히 배제시켰다. 그러면서도 필요하다면 3/4정도의 포인트 동작을 남성, 여성 가리지 않고 수행토록 했다.

그는 1932년에 '녹색 테이블(The Green Table)'을 발표함으로서 국제적인 무용안무가로서의 명성을 얻는다. 이 작품은 그의 가장 인기 있고 잘 알려진 작품이다.

인간의 어리석음과 전쟁의 무모함을 이야기한 이 작품은 세계 각국의 외교관들이 모여 평화를 상징하는 녹색 테이블에서 회의를 하고 있는 장면에서 시작된다(끝나는 장면도 자기만 제일 잘났다는 표정의 외교관들의 회의 장면이다.). 그들은 그로테스크한 가면을 쓰고 상대방의 이야기는 듣지 않고 자기들의 주장만 이야기한다.

어떻게 보면 이 작품은 약 13년 후에 닥칠 제2차 세계대전을 예고한 작품이라고 볼 수도 있다. 이 작품에는 특별히 수많은 군인들이 전투하는 장면이 나타나지 않는다. 하지만 모든 전쟁이 야기하는 수

많은 피난민들과 특히 한 늙은 노파의 불행을 집중적으로 조명함으로서 전쟁의 잔혹함을 고발하나, 요스 자신이 '죽음(Death)'의 역할을 맡아, 전쟁이 낳은 불행한 여인 '프라피트(Profitteer)'를 죽음의 공포 속으로 몰아넣는다. 또한 요스가 '죽음의 무용(dance of Death)'을 수행하는 동안에는 프리츠 코헨(Fritz Cohen)의 씨니컬하고 음울한 리듬의 음악이 무용전체를 전율 속에 빠뜨린다. 비록 전쟁을 주제로 한 무용이었지만, 4막에 나오는 피난민들의 군무는 아름답기까지 하였다.

요스의 작품은 무용의 모든 요소를 통일시키는 성격이 있었다. 안무, 음악, 조명, 무대장식, 의상 등 모두가 베를 짜듯이 완벽히 서로 조화를 이루고 있다. 하지만 요스의 무용요소의 통일은 결코 뷔그너 등의 종합예술 개념, 즉 '게잠트쿤스트베르크(Gesammtkunstwerk)'와는 다른 의미를 가졌다.

무용 혹은 모든 예술의 요소를 균등히 보는 와그너의 종합예술 개념과는 달리, 요스는 그의 작품에서 무용을 가장 중요한 요소로 보고 다른 예술은 무용을 보강시키는 요소로 보았다. 그의 무용 움직임은 대단히 표현적이었으나, 결코 의미 없는 마임의 힘을 빌리지는 않았고 무용 그 자체로 표현하려고 했다. 그는 그의 무용수들을 완벽한 기술을 습득할 수 있도록 철저히 교육시켰으며, 특히 남성 무용수의 무용 기법 개발에 심혈을 기울였다.

그는 '그린테이블(Green Table)' 말고도 여러 작품을 발표했다. 1932년에는 '대도시(The Big City)'라는 작품을 독일 퀼런의 오페라 하우스에서 발표했다. 현대 도시생활을 살아가는 도시인들의 삶의 어려움을 표현했다.

1933년에는 철학적인 주제를 담은 'The Prodigal son'을 발표했는데, 요스 자신의 직접 수행한 '아버지의 춤(The Father's Dance)'은 거의 성경에 가까울 정도의 담백하고 권위를 보이는 무용이었다.

1939년에는 좀 더 가벼운 주제의 무용 '봄 이야기(A Spring Tale)'을 발표하는데, 이 작품에서는 결코 철학적이나 도덕적인 주제들 찾을 수 없었다. 프리츠 코헨의 감미로운 음악이 흐르는 가운데, 밝고 꾸밈없는 즐거운 유머와 사랑이 넘쳐흐른다.

그리고 1943년 영국 캠브리지의 '예술극장(Arts Theatre)'에서 발표된 'Company at the Manor'는, 요소의 정밀한 안무방식을 보여준 작품이다. 모든 등장인물은 극도로 미세한 부분까지 완벽히 안무되어 있었으며, 도리스 진카이젠(Doris Zinkeisen)의 의상도 일품이었다.

당시 독일의 표현주의 화가들은 격렬한 그리고 심지어는 기분 나쁜 감정까지를 전달하기 위해, 과장(exaggeration)과 독특한 변형(distortion)을 즐거이 사용했다. 하지만 뷔그만은 또 다른 스타일의 무용을 만들기도 했다.

예를 들면, 1925년에 발표한 'Ceremonial Figure'에서, 그녀는 자신의 무용의상에 어린이들이 놀이할 때 사용하는 둥근 후프를 붙여, 이런 주제를 사용한 뷔그만은 흔히 당시의 독일 표현주의 화가(Expressionist Painters)들과 비유되기도 한다. 그녀의 무용 움직임을 극히 제한시켜 무용의 본질만 보이려는 노력을 했다. 그리고 이 작품에서 얼굴에 가면을 써서, 무용에서 그녀의 주관을 배제시키려는 노력도 함께 했다.

뷔그만은 무용에서 음악의 기능도 계속적으로 실험하였다. 그녀는 자신의 무용에 플루트나 피아노반주는 물론이고, 드럼이나 징 등의 타악기도 많이 사용했다. 때로는 음악 대신 말하는 스토리의 대사를 무용에 사용하기도 했다. 그녀는 무용에서 음악을 두 가지로 나누어 구분했는데, 하나는 말 그대로 기존의 음악들이었고, 다른 하나는 무용을 위해 특별히 제작된 음악을 말했다. 그리고 때로는 무용에서 음악을 완전히 없애고 침묵속의 무용을 하기도 했다.

하지만 어느 때는 당대의 가장 훌륭한 음악가들의 음악을 적극적으로 사용하기도 했다 예들 들면, 글루크(Gluch)의 음악에 맞춰 'Orpheus and Eurydice'라는 작품을 만들었고 칼 오프(Carl Orff)의 음악으로 'Carmina Burana'를 제작했으며, 1957년에는 스트라빈스키 음악에 맞춰 '봄의 제전(The Rite of Spring)'을 안무하기도 했다.

뷔그만은 1920년대에 독일 드레스덴(Dresden)에서, 학교를 설립한다. 여기서 그녀는 한야 홈(Hanya Holm), 이본 게오르기(Yvonne Georgi), 그래트 필루카(Gret Palucca), 막스 테피스(Max Terpis), 마가레트 월만(Margarthe Wallmann) 같은 많은 훌륭한 제자들을 키운다. 그리고 1930년부터 1933년까지 3번에 걸쳐 미국공연을 가져 대성공을 거둔다. 그리고 이때 한야 홈(Hanya Holm)이 미국에 남아 뉴욕 뷔그만 스쿨을 설립하고, 독일 무용을 미국에 보급한다. 그러나 나치들이 정권을 잡은 후, 뷔그만은 그들의 블랙리스트에 올라가며, 그녀의 학교들은 나치들에 의해 접수된다. 제2차 세계대전이 끝난 뒤 뷔그만은 베를린에서 다시 무용학교를 열고 안무활동을 재개한다.

루돌프 라반과 그의 두 제자 매리 뷔그만과 쿨트 요스는 무용 움직임의 영역을 크게 확장시켰다. 그리고 특히 루돌프 라반의 무용지도자로서의 탁월한 능력은 독일 특히 전후에는 영국에서 수많은 훌륭한 무용 이론가와 무용 안무가 그리고 무용수들을 배출한다.

그는 무용연구에 운동생리학(kinesthetic) 개념을 도입시켜, 무용이 단순히 겉으로만 나타나는 미의 추구가 아니고, 움직임도 미학도 될 수 있다는 것을 밝혔다. 이들 현대무용의 개척자들의 빛나는 예술에 대한 창의정신은 무용예술의 영역과 표현기법을 새롭게 열어나갔다.

녹색테이블

3. 오스카 슐래머(Oskm Schlemmer)

독일의 디자인, 조각, 공예 등의 학교, 바우하우스 리더의 한사람으로 무용수, 안무가, 화가, 조각가, 교사로서 활동하였다. 처음에 화가로서 이름을 날렸지만, 점차 퍼포밍 아트에 관심을 갖게 되었다. 그 결과, 1920년대의 독일의 무용에 새로운 전개를 초래하게 되었다. 1888년 9월 4일, 슈투트가르트에서 태어나, 1943년 4월 13일에 사망했다.

슐래머는 프랑소와 델사르트, 에밀 자끄 달끄로제, 루돌프 본 라반

과 같이, 무용을 과학적으로 추구하였다. 무용수의 기하학적인 동작은 퍼포머는 [超操縱 인형]으로 변해야 한다고 주장한 영국의 고든 클레이그의 이론을 실제로 무대화하였다고 할 수 있다. 그것은 코펠리아나, 미하일 포킨의 페트루슈카로까지 거슬러 올라갈 수 있다.

슐래머의 작품에서 무용수는 형태, 빛, 기하학, 색, 운동의 관점에서 문제가 되었다. 슐래머의 운동 역학과 공간 개념, 소도구, 비주얼 아트(Visual art)와의 관계를 추구하는 작업은 뒤의 앨빈 니콜라이, 메레디스 덩크, 로버트 윌슨 등으로 이어져 간다.

그 실험의 성과는 〈건축의 무용〉 시리즈로서, 1926년부터 29년까지의 사이에 만들어지고 있는 작품에서 볼 수가 있다. 인간과 추상적인 공간과의 관계를 추구한 것으로, 각각 〈공간의 무용, 봉(捧)의 무용, 〈[몸짓의 무용], 〈블록놀이〉 등의 타이틀이 붙여져 있다. [봉의 무용]에서는 검은 의상의 무용수가 검은 배경에서, 수족(手足)에 몇 개나 붙인 하얀 봉을 조종하여 춤을 춘다.

〈블록놀이〉에서는 조종하는 인형 세 가지가 가면과 같은 헬멧으로 몸을 고정하고, 원색의 통일된 의상으로 나타난다. 그리고 크고 부드러운 블록을 다룬다. 슐래머는 이와 같은 의상이 결코 무용수를 억압하는 것이라고는 생각하지 않았다. 오히려 무용수의 운동을 해방하는 힘이 되는 것이라고 생각했는데 그것은 무용수의 운동을 확대해서 보여주고, 무용수의 체질적인 인간성이라는 것을 확실하게 보여주기 때문이다.

슐래머의 작품을 춤춘 학생들이 전문적인 무용훈련을 받고 있었던 것은 아니었다. 기발한 의상은 〈패러드〉에서의 피카소의 큐비즘을 취한 의상을 상기시킨다. 그러나 슐래머는 회화의 형식을 그대로 적용하는 것은 통속화라고 생각하고 있었다.

[트리아디크 발레]는 1911년과 1916년에 아트리에서 공연된 뒤, 1922년에 고향인 슈투트가르트 주립극장에서 공연되어 좋은 평판을 받았다. 그것은 12 무용과, 18종의 의상과 세 사람의 퍼포머(두 사람은 남성, 한 사람은 여성)로 되어 있다. 그것들은 세 가지의 색으로 조화된 장소로 분할된다.

황색(lemon), 분홍(pink), 노랑(yellow)의 삼색. 각각 〈게이 바레스크〉라고 불려지는 것, 엄숙한 의식 그리고 신비적인 환타지로 대응하고 있다. 나선상이나 삼각형, 원추형, 달걀모양으로 만들어진 의상의 몇 개는 기묘한 부엌용품의 집합을 생각나게 한다.

음악은 삼부로 나누어지고 있다. 작곡은 힌데미트. 이 작품을 1932년에 파리에서 공연했는데, 슐래머의 최후의 공연이 되었다. 1982년부터, 데보라 마코르는 슐래머의 바우하우스의 무용을 재현하여, 미술관과 콘서트 스테이지에서 공연하고 있다.

3화음 발레의 의상 2

4. 매리 뷔그만(Mary Wigman)

20세기 유럽의 현대무용의 실질적인 창조자라고도 볼 수 있는 매리 뷔그만은 훌륭한 제자는 스승의 이름까지 더 존경스럽게 만들 수 있다는 것을 보여주는 라반의 제자라고 볼 수 있다.

뷔그만과 라반은 학생들에게 예술적인 영감을 불러일으켜 주는 참된 스승이었으며, 학생 스스로가 자신의 길을 슬기롭게 찾아갈 수 있도록 인도해준 분으로 기억한다.

1914년에 뷔그만은 그녀의 첫 번째 안무 작품 '마녀무용(Witch Dance)'을 라반의 지도하에 발표한다. 뷔그만은 이 작품에서 자신의 사악한 모습을 정확하게 묘사하기 위해 그로테스크한 가면을 썼다. 인간의 악의 감정 그리고 동물적인 본능 등을 쥐어짜듯이 그리고 할퀴듯이 표현한 이 작품은 로맨틱 발레의 날아갈 듯한 우아함과는 정반대되는 분위기를 만드는 작품이었다.

무용수가 계속 앉은 자세에서 수행된 이 무용은 자연과의 하모니를 추구하는 덩컨의 무용이나 신비로움과 매력을 보이고자 했던 데니스의 무용과는 사뭇 다른 분위기였다.

뷔그만은 그 이후의 그녀 작품에서도 많은 다른 사람들이 무대에서는 물론이고 실제 삶 속에서도 기피하는 주제들, 즉 인간성의 어두운 장면, 전쟁의 무자비함, 인간의 필연적인 노화현상, 피할 수 없는 죽음의 운명 등을 주제로 삼았다.

1927년에 발표된 그녀의 작품 'Swinging Landscape' 중의 솔로 무용 '밤의 얼굴(Face of Night)'은 제1차 세계대전 중 사망한 독일군들을 추모하는 내용이었다. 그리고 1930년에 발표한 작품 'Totennal'

에서는 여성 합창단이 죽은 사람들을 애도하고 죽었던 사람들이 다시 잠시 살아서 돌아오며, 다시 죽음의 늪으로 빠져 들어간다. 1935년에 발표된 '운명의 노래(Song of Fate)'에서는 가면을 쓴 여인의 젊음, 중년 그리고 노년을 서서히 연결시켜 나간다.

유럽 현대무용의 창시자인 매리 뷔그만(Mary Wigman)은 1933년에 발표된 그녀의 논문 '현대무용의 철학(The Philosophy of the Modern Dance)'에서 그녀의 넓고 깊은 무용에 대한 식견과 함께 현대 기계문명시대에 맞는 무용은 현대무용이라고 하면서 현대무용의 당위성을 주장하고 있다. 비록 지금부터 약 70년 전에 쓰여진 오래된 글이지만, 당시 현대무용의 탄생에 대한 배경을 알 수 있는 글이므로 전문을 그대로 전제하기로 한다.

무용은 결코 억제될 수 없는 인간 경험의 표현의 한 방식이다. 무용은 어느 시대 어느 곳이던지, 많은 민족과 종족들에 의해 수행되어 왔다. 무용은 연설(speech), 철학(philosophy), 그림(painting) 혹은 음악(music)과 마찬가지로 인간표현의 한 방식이다. 무용은 음악과 마찬가지로 말을 하지 않고도 사람들을 이해시킬 수 있는 언어의 하나이다. 따라서 당연히 무용은 음악처럼 일상생활을 표현하고 있다. 즐거움의 감정의 충만하여 무용을 하게 되기도 하고 그리고 어떤 경우는 본인 자신도 모르는 사이에, 그의 일상적인 발의 스텝 움직임이 정신적인 만족감 때문에 무용의 스텝으로 바뀔 수도 있다.

다시 말하면, 무용도 다른 여러 예술표현과 마찬가지로 뭔가 마음껏 고양된 삶의 감정의 표현이라는 것이다. 더욱이 이런 감정이 모두 즐거운 것일 수는 없다. 슬픔, 고통, 분노와 심지어는 두려움까지 감정을 치솟아 오르게 하고, 무용의 표현으로 변환될 수 있는 것이다.

모든 사람들은 뭔가 속에서 치솟은 감정을 그의 신체 움직임을 매개로 하여, 바깥으로 표현할 수 있는 능력을 가지고 있다. 이런 신체의 능력은 오늘날 더욱 활발히 연구되고 있으며, 이런 연구를 통해 확인되고 있다, 신체의 능력이 재발견되고 있는 것이다.

오늘날 '신체의 인식능력(body consciousness)'을 부정하는 사람은 없다. 무용과 스포츠 등의 학문에서 신체 움직임에 대한 관심은 날로 더 커지고 있는 것이다. 단지 연구의 차이점은 신체 움직임이 단순히 순간적으로 사라져 버리는(ephemeral) 이미지로 끝나는지, 혹은 변환의 한 상황인지, 혹은 그렇지 않으면, 우리의 감정세계를 적절한 시간에 완벽히 반영하고 표현하는 예술활동인지 하는 구분을 해내는 것일 것이다.

제자, 1924년

맨 끝의 경우 즉 신체의 움직임은 사람의 감정을 표현하는 가장 진실하고 순수한 예술 활동이라고 믿는다. 그리고 우리들은 이미 기계에 의해 이루어지는 기술시대가 도래했다고들 이야기하고 있다. 역설적으로 들릴지 모르지만, 우리들이 흔히 말하는 '기술시대'라는 것은 우리가 흔히 말하는 '현대무용'과 전혀 우연이 아닌 결정적인 상관관계를 가지고 있다.

이 말이 결코 산업화되는 '기술시대'가 현대무용이 태동을 이루었다는 말은 아니다. 기계의 모터 소리 뒤에는 원시적인 힘과 리듬이 숨어 있다. 모든 기계들은 기계적인 리듬을 가지며 나름대로 거친 숨결을 내고 있다. 마찬가지로 무용에도 리듬이 있다. 따라서 비록 무용과 기계음은 예술과 생활이라는 차이가 있지만 서로 힘찬 공통의 리듬을 가지고 있는 것이다.

오늘날 젊은이들은 이런 인식 속에서 무용에 대한 적극적인 사고방식을 가진다. 예술 표현의 한 방식으로서, 리드미컬한 신체 움직임을 사용하는 것은, 무용에 관심 있는 오늘날 사람들에게는 지극히 당연하게 받아지고 있다.

창조적인 무용수라고 하면 제일 먼저 생각해야 될 것은 무용관객들은 무용을 결코 객관적으로(objectively) 보지 않는다는 것이다. 그리고 그들은 결코 무용을 관조하듯이(aloof) 그리고 지적인(intellectual) 관점에서 보지 않는다. 따라서 모든 무용은 하나도 남김없이 감정을 완벽히 전달하여 관객들을 감동시킬 수 있어야 한다.

무용수들이 리듬과 음악에 의해서 받고 있는 감정을, 무용수들의 움직임을 통해 완벽히 관객들에게 똑같이 전달할 수 있어야 한다. 이렇게 될 때야만 관객들은 무용수들과 같은 똑같이 강한 감정을 공유하게 되는 것이다. 그리고 작품이 의도하는 목표가 관객들에게 영원히 살아서 전달되는 것이다.

무용은 위험, 흥분, 즐거움, 우울함, 슬픔, 경쾌함 등 모든 감정을 움직임을 통해 전할 수 있다. 하지만 공연자들이 내부에서 먼저 감정을 경험하지 못한 표현은 전혀 가치가 없다.

지난 20여 년 동안 특히 독일에서는 무용에 대한 정의가 바뀌고 있다. 우리가 흔히 무용표현의 새로운 방식을 쓰고 있는 '현대무용'은 클래식 무용 혹은 발레와 대비되는 개념이었다.

발레는 거의 완벽한 단계까지 발전해버려서, 이제 더 발전할 것이 없다. 발레의 형식은 너무 정교해져 버렸다. 그리고 너무 순수함에 빠져버렸다. 그리고 예술적 의도가 이제 무엇인지 불분명하게 되었고, 심지어는 사라져 버리려고 한다. 위대한 발레 무용수들은 이제는 더 이상 인간의 내부감정을 잘 표현할 수 있는 위대한 예술가가 아니다. 그들은 단순한 발레의 기교가일 뿐이다.

발레 무용수들은 경쾌함과 튀어오름을 그 이상으로 추구해왔다. 그들은 중력(gravitation)을 정복하고 통제하려고 했다. 그들은 어둡고, 무겁고, 땅으로 깔리는 분위기를 싫어했다. 어둡고, 무거운 것은 나긋하고 가볍고, 우아해야 되는 발레기법과 맞지도 않을 뿐더러 아름다운 미학을 추구하는 발레의 정신과도 맞지 않다.

전쟁은 삶을 변화시켰다. 혁명과 고통은 아름다움만 추구하고 있는 이상을 모두 파괴시켜 버렸다. 전통적인, 역사적인 은혜를 입은 등의 수식어는 이제 사라져야 한다. 어떻게 이렇게 오래되고 부식되어 가는 전통이 '이렇게 무서운 파괴의 시대에 굳건히 남아 있어야 되는가? 지금까지 본대로 현대무용은 미국의 그레이엄, 험프리, 와이드만 및 유럽의 라반, 뷔그만, 요스 등에 의해 1930년대와 1940년대를 이어 가면서 완전히 새로운 무용의 형태로 뿌리를 내린다. 현대무용은 새로운 세계의 변화와 현대사회의 복잡함과 모순을 수용하였다. 현대무용은 선구자의 정신으로 새로운 이상적인 사회실현을 위해 멀리 그리고 폭 넓은 비전을 가지고 있었다. 그러면서도 아울러, 현대무용의 주제는 개인적인 것일 수도 있었고 폐쇄적인 경우고 있었으며 멀리 지나갔던 과거였을 수도 있었다.

삶의 냉혹한 현실과 부딪혀 싸울 때도 있었고, 서정시의 따뜻함과 유머를 추구할 때도 있었다. 하지만 단 하나 확실한 것은 이런 다양한 현대무용의 성격과 목적에도 불구하고 현대무용은 순수한 움직임의 동작을 보여준 것이 아니라, 무용을 통해 감정을 전달하는데 중점을 두었다는 것이다.

현대무용에서 '현대'란 말이 붙은 것은 아마도 사상의 새로운 혁신(innovation)과 연루되기 때문일 것이다. 정말 1920년대부터 시작되어 1930년대와 40년대까지 이어진 현대무용의 제2세대, 즉 현대무용 창시자들의 역할은 컸다. 그들은 새로운 움직임의 방식을 찾았고 새로운 주제를 만들었으며, 새로운 사상의 표현방식을 창조해냈다, 그들의 이런 형식들은 그 다음 세대 현대무용이 새로 나서야 되는 길을 열어주었다고 볼 수 있겠다. 하지만 그 길은 또 다른 혁신에 의한 길일 수도 있다.

당시 1950년대로 접어들면서 미국의 각 대학에 학사학위를 인정하는 무용과들이 급속히 늘어난다. 그리고 많은 현대무용을 수행하는 무용단이 생기며 국가에서는 문화 진흥의 일환으로 무용 순회공연을 장려하기 시작한다. 그리고 1930년대, 40년대까지만 하더라도 대학에서 현대무용교육은 체육교육과정(physical education program)의 일환이었다. 따라서 무용의 연습이나 공연도 체조의 일부로 되는 경우가 많았다. 하지만 무용의 예술성이 사회 전체적으로 인정을 받게 되고 무용교육과 기존 체육이나 체조의 교육은 완전히 판이하게 다른 장르라는 것을 인식하기 시작하면서 각 대학에서는 정규무용과 설치의 붐이 일어나는 것이다. 그리고 50년대에 각 대학은 새롭게 무용공연을 위한 극장을 건축하기 시작하였고 신세대 젊은 안무가들의 무용실험의 새롭고 넓은 장소가 되는 것이다.

그리고 제2차 세계대전이 끝난 후인 1948년부터는 '미국 무용페스티발(American Dance Festival)이 열리기 시작하여 신세대 안무가들의 창조의욕을 불태우게 만든다. 매년 여름마다 6주 동안 열리는 이 페스티발에는 미국전역의 중요 현대무용단들이 정기적인 공연을 하면서 아울러 젊은 안무가들에게 창조적인 실험 작품공연의 기회를 준다. 그 영향력은 한계가 있었지만 신세대 안무가들의 새로운 예술 창조의지는 충분히 그 빛을 발하고 있었다.

Chapter 3

포스트 모던 댄스 POST MODERN DANCE

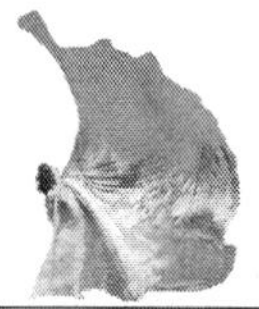

1960년대의 미국 전위 무용은 뉴욕(New York)의 다운타운에 있는 저드슨 교회를 중심으로 해서 전개되었다. 현대무용의 표현적인 수법, 특히 마사 그래함의 정서적인 표현에 대해서 반대하고, 내용의 공무화(空無化)를 강조하고 신체적 운동 그 자체가 내용이라고 주장하였다. 그 때문에 그 스타일은 표현형식이라고 하기보다 유희형식과 유사하여 규칙에 의해서 움직인다고 하는 느낌이 있었다.

또한, 화려한 발레와 같은 볼거리를 꺼리고 아무것도 아닌 일상적인 몸짓을 사용하는 것이 많고 의상이라고 하기보다 청바지나 면 판타롱과 같은 것을 입고 춤추는 일이 많았다. 포스트 모던 댄스(post modern dance)의 주장 중 가장 강했던 것은 미니멀리즘이다. 운동의 단위를 적게 하여서 한정하고 반복하는 것이 시도되었고, 그것과 동시에 운동의 연출법을 평탄하게 해서 클라이맥스가 없는 균등한 에너지의 배분을 하였다.

어느 쪽의 사고방식이든 R. 스텔라의 미니멀 아트(minimal art)와 공통된 것이었다. 현대미술의 전람회에서 스퀘어 한 캔버스가 균등하게 칠해져 전시되어 있는 것을 많은 사람이 본 적이 있을 것이다. 이것은 추상회화라고 하지 않고, 미니멀 아트(minimal art)라고 명명되었다.

음악의 미니멀리즘은 미술과 무용보다 늦게 출현하였으나 필립 글래스, 테리 라이리 등은 각각 루씬다 차일즈, 롤러 딘 등과 협력을 하여, 공통되는 미니멀리즘 미학을 가지고 있었다.

이본느 레이너는 자신의 저서에서 반복해서 미니멀리즘의 미학을 주장하고, 관객이 대상을 관찰하고, 정서적인 반응을 일으키는 일이 없도록, 작품을 고의로 평탄하게 한 것을 말하고 있다.

레이너는 샌프란시스코(San Francisco)의 전위무용가 A. 할프린에게서 배우고 뉴욕으로 나와, 포스트 모던 댄스(post modern dance)의 숨은 주역이라고도 할 수 있는 S. 폴티의 작품 [시이소] 등, 일상성이 짙은 작품에 출연함과 동시에, 1960년대 중순부터 저드슨 교회를 중심으로 한 전위무용의 심볼적 존재로서 인식되게 된다.

여기에 한 장의 사진이었다. 그녀의 대표작 〈마음은 근육이다(1966)〉를 찍은 것으로 미술가인 R. 라우센버그, R. 모리스, 무용가인 팩스턴 스티브, 루씬다 차일즈 등이 청바지 차림으로 쌓여진 매트레스의 앞과 위에 있다. 이 작품은 일상적 운동으로 만들어진 것으로 운동 그것 자체를 내용이라고 하는 주장과 게임이 갖는 정서적 표출이 없는 외관을 나타내고 있다.

루씬다 차일즈는 50대라고는 생각되지 않는 날씬한 신체의 미인이다. 역시 저드슨 교회에서의 퍼포먼스에 참가하고, R. 모리스의 〈워터맨 스위치〉 등에 출연. 서서히 미니멀리즘에 기울어, 로버트 윌슨의 명작 [해변의 아인슈타인]의 안무를 담당했다.

필립 글래스의 음악에서 적은 양식을 사용하는 미니멀리즘 댄스를 보였다. 〈dance(1977)〉는 글래스와 S. 레위트라고 하는 미니 멀리스트가 쭉 서 있는 듯한 느낌으로 비쳐 보이는 막에 크게 비치는 움직임과 무대에서의 움직임이 중복되기도 하고, 조금 어긋나기도 하는데 완전히 같고, 가까운 거리와 먼 거리의 더블 이미지(double image)를 보여 주었다. 또한 사람의 미니 멀리스트는 롤라 딘이다. 선회와 회전의 지속을 특징으로 하고, 주로 라이리와 팀이 됐지만, 스스로 작곡을 하기도 했다.

1. 머스 커닝햄(Merce Cunningham)

리차드 코스텔란츠(Richard Kostelanetz)는 그의 저서 '시간과 공간의 무용(Dancing in Space and Time)'에서 "머스 커닝햄이야말로 무용역사에서 가장 중심 라인에 서 있는 인물이다"라고 했다. 커닝햄은 여러 가지 어려움을 극복하고 현대무용 발전에 결정적인 역할을 했다. 무용이론가 넨스 델바(Nancy Dalva)가 말했듯이 그는 미술에서 피카소(Picasso)처럼 무용작업을 했다. 입체파 화가들이 기존의 그린 그리는 방식과 그림 감상하는 방식을 바꾸었듯이 커닝햄은 기존의 무용을 수행하는 방식과 무용을 감상하는 방식을 바꾸었다.

그는 무용을 해체시킨 다음, 다시 이를 복원시켰는데 그때는 무용의 본질만 복원시킨다. 그는 무용에서 그 이전 세대까지 이어오던 서술적인 요소를 제거시킨다. 무용에서 찬스기법을 도입하고 음악이나 장식이 없는 무용도 추구한다. 그리고 무용의 공연을 극장무대라는 곳에서 빼 나오고(그의 작품 후반부에는 다시 무대로 돌아간다), 관객들이 무용의 주체가 되는 경우도 있다. 커닝햄은 무용을 시간과 공간속의 움직임(movement)과 그 움직임의 근원이 되는 정지(Stillness)라는 두 가지 기본요소로 접근했다. 그는 움직임, 음악, 조명, 장식, 의상 같은 무용의 모든 요소들을 각각 독립된 별개의 요소로 보았다. 그리고 그 다음 각 요소를 계속 독립성을 가지면서 겹치게 했다. 그리고 안무의 주관성 배제와 다양함을 위해 우연기법(chance technique)을 사용했다.

커닝햄은 워싱턴주 센트랄리어(Centralia)에서 태어났다. 그는 어릴 때부터 무용 움직임에 관심이 많았다. 탭 댄스(Tap Dancing) 같이 당시에 대중적으로 유행되는 무용을 즐겨 수행했다. 이런 탭의 무용 스타일이 나중에 그의 전체 무용 분위기를 이끌기도 한다. 커닝햄의 무용은 대체로 그 전 세대인 그레이엄의 무용보다 밝고 깨끗했다.

시애틀의 예술학교에 진학한 그는 그 학교에서 나중에 그의 무용단음 악감독이 되는 유명한 현대음악가 존 케이지(John Cage)의 음악지도를 받는다.

그는 우연한 기회에 오크랜드주에 있는 밀스 칼리지(Mills College)에서 레스트 호톤(Lester Horton)의 작품 'Conquest'에 출연하여 당시 그 대학의 객원교수인 마사 그레이엄의 눈에 띄어 1939년 뉴욕의 그레이엄 컴퍼니에 입단한다. 그는 그레이엄 무용단의 두 번째 남자 무용수였다(에릭 호킨스가 그레이엄 컴퍼니의 첫 번째 남자 무용수였다).

커닝햄은 그레이엄 컴퍼니에서 'Appalachian Spring', 'Every Soul is a Circus', 'El Pentitente', 'Letter to the World' 등에 출연한다. 이런 작품을 통해 그는 그의 재치 있는 움직임과 그리고 높은 점프를 할 수 있는 무용능력을 선보인다. 그는 1944년 그레이엄 컴퍼니를 떠나며 존 케이지와 함께 새로운 무용형태 실험에 나선다.

앞에서도 말했지만 커닝햄의 작품에서는 무용안무, 음악, 디자인이 모두 개별적인 존재로 인식된다. 비록 음악이 무용안무와 같은 시간대를 공유하고 흐르지만 그리고 비록 디자인이 무용과 같은 공간에 자리잡고 있지만 각각은 무용과는 다른 방향에서 전개된다.

커닝햄은 우선 안무의 구성 그 자체부터 전통이 틀을 배격했다. 즉 그는 그동안 좋은 안무 구조라고 간주되어 왔던 시작, 중간, 끝이 명확한 무용의 형태를 부정한다. 그는 '어떤 동작이나 움직임도 어떤 동작이나 움직임 다음에 올 수 있다'는 지론을 펼치면서 무용의 단위나 구조적인 틀을 부정한다. 클래식 발레나 그 이전 세대의 모던 댄스의 구조형태 즉 클라이맥스를 향한 논리적인 움직임의 전개는 그의 안무에서 더 이상 사용되지 않았다.

그는 그의 작품에서 어느 한 부분이 다른 한 부분보다 더 중요하게 보이려는 노력을 의도적으로는 하지 않았다. 그리고 정지(stillness)라는 것도 또 다른 움직임의 하나로서 중요하게 사용하였다.

커닝햄의 안무에서는 무대공간의 사용방식도 달라졌다. 그의 작품에서는 전통적으로 솔로 무용수들을 위한 무대공간이었던 '전방의 중앙'이라는 개념도 없앴다. 무용은 무대의 모든 장소에서 이루어졌다. 그리고 입체적인 예술인 무용이 꼭 전방에서만 보여지게 한다는 것도 인정하지 않았다.

무용은 어느 각도에서라도 볼 수 있게 해야 된다고 했다(실제로 커닝햄의 스튜디오에서 수행되던 공연은 관중들이 L자 형태로 앉아서 보았다. 관객들은 공연의 한 부분만 집중하지 않았고 무대 여러 곳에서 일어나는 움직임 중 자기가 필요한 부분을 선택해서 관람해야 되는 경우도 있었다.

커닝햄은 무용안무에 비 결정기법(indetemiracy)과 찬스 기법(Chance)을 도입한다. 비 결정기법이란 공연할 때마다 작품의 일부 요소가 변화될 수 있도록 하는 안무방식이다. 1951년에 발표된 그의 작품 'Sixteen Dances for Soloist and Company of Three'는 그가 처음으로 그의 안무에서 비 결정기법을 사용한 작품이다.

무용의 각 부분이 다양한 순서로 변화되게 되어있다. 1953년에 발표한 작품 'Saite by Chance'는 그가 처음으로 그의 작품 전체를 찬스기법으로 안무한 작품이다. 그는 이 작품의 안무 때 여러 가지 경우의 시간(time), 공간(space)과 위치(position)를 차트로 만들어 둔 다음 동전을 던져서 움직임의 순서를 정했다, 1969년에 제작한 무용 'Canfield'에서는 카드의 패들 보면서 움직임의 요소와 순서를 결정했다.

안무기법에서 비 결정법(indetermiracy)과 찬스기법(chance)을 즉흥기법(improvisation)과 혼돈해서는 안 된다. 비 결정법과 찬스기법에서는 즉흥기법과는 달리 모든 경우의 공연에 대비해 미리 모든 경우를 철저히 준비하고 연습한다. 즉 비록 어느 공연에서는 아예 사용되지 않는 경우라도 모든 경우의 모든 움직임의 순서를 완벽히 준비하고 있어야 어떤 경우의 움직임의 컴비네이션이 생기더라도 소화시킬 수 있는 것이다

어떤 의미에서 보면 커닝햄은 조지 발란신과 함께 20세기 중반 무용의 표현영역을 가장 넓힌 인물이다. 그러나 조지 발란신이 진심으로 만족하며 사랑했던 클래식 발레라는 전형적인 틀 속에서 무용 표현 영역을 넓혀 나갔다면 커닝햄은 완전히 새로운 무용어휘를 발명해 나간 것으로 볼 수 있다.

비록 커닝햄의 무용이 발란신의 무용처럼 완벽한 기술과 엄격한 틀 속에 있지는 못했지만 그의 무용은 더 넓고 원대한 곳을 지향했다. 커닝햄이 새로운 무용을 창조하는 것은 그 자체가 무용의 정의들 새롭

게 하는 것이었다. 그는 무용을 실험하고, 연구하고, 발견한 것이다.

비록 커닝햄이 기존 전통의 틀을 깨고 자유로운 무용을 추구했지만 그는 결코 단순한 우상 타파자(iconodast)는 아니었다. 그는 파괴자(destroyer)가 아니고 개혁자(renewer)였다. 그는 전통무용의 기성화된 스토리, 주제, 무드 등을 배격하고 무용구조를 억지스럽게 음악구조에 맞추는 작업도 중단한다. 커닝햄의 무용에는 인물의 성격이라는 것이 없다. 그리고 무용에 깔고 흐르는 주관적인 분위기도 없다. 공주나 왕자, 요정, 유령 등은 모두 사라졌다.

햄릿 같은 괴기스러운 인물도 등장하지 않는다. 그리고 전선을 넘나드는 용맹스러운 여성 주인공도 없고 억울하게 핍박받는 농부들도 없다. 커닝햄 무용의 주제는 단하나 무용 그 자체밖에 없었다. 커닝햄 무용에서 '의미(meaning)'라는 것은 사라져 버렸다. 커닝햄 무용에서의 의미라는 것은 각각의 관객들이 스스로 무용을 보면서 찾아내는 것이 된다.

엄격한 의미에서 본다면 커닝햄의 무용에서도 드라마틱한 요소가 있다. 하지만 그의 무용에서 극적요소의 전달은 감정(emotion)을 통한 것이 아니라 움직임(motion)을 통하는 것이다. 그리고 사실 많은 사람들이 커닝햄의 조지 발란신은 음악은 무용수들이 걷고 다니는 마루라고 했다. 커닝햄은 이런 무용의 받침, 즉 음악을 걷어 내었다 그의 무용의 리듬은 음악 같은 외부의 힘에 의해서 오는 것이 아니고 무용수들 자체로부터 온다.

커닝햄의 무용수들은 스스로 발산하는 운동에너지(Kinetic energy)를 통해 그들이 스텝을 만들어 나가는 것이다.

커닝햄도 음악을 무용에 사용했다. 그러나 지금까지 무용에서 음악을 사용하는 방식과는 달랐다. 커닝햄의 작품에서 무용과 음악은 서로 매치될 필요가 없었다. 무용과 음악이 동시에 진행되고 있으나 서로 독립된 행위(independent activities)가 된다. 따라서 커닝햄은 그의 작품마다 음악을 바꾸어 사용할 수 있었고 무용은 결코 음악에 의해 좌우되지 않았고 물론 음악은 무용에 의해 좌우되지 않았다.

따라서 수많은 현대 작곡가들이 커닝햄의 작품의 음악을 맡는다. 그들은 가장 실험적이면서 흥미로운 음악을 커닝햄의 작품에 마음껏 사용하는 것이다. 데이비드 버만(David Behrman), 라몬테 영(Lamonte Young), 폴린 올리보스(Pauline Oliveros), 얼 브라운(Earle Brown), 크리스찬 울프(christan Wolff), 모톤 펠드만(Morton Feldman)그리고 특히 존 케이지(John Cage) 등이 커닝햄의 무용을 위해 음악을 만들었다. 커닝햄은 에릭 세티(Erik Satie), 이고르 스트라빈스키(Igor Stravinsky), 피에르 볼레즈(Pierre Boulez) 등의 음악을 사용하기도 했다

커닝햄의 무대미술과 의상에 대한 접근도 음악과 같았다. 사실 커닝햄의 작품에는 거의 모든 뛰어난 미국의 현대 미술가들이 함께 작업했다. 젊은 미술가들은 커닝햄의 과감하고 개방적인 예술정신에 매료되어 그와 함께 작업하는 것을 자랑스럽게 생각했다.

미술가들은 커닝햄의 작품에서는 그들의 미술이 결코 안무나 혹은 음악에 종속되지 않는다는 것을 알았다. 그들의 미술이 무용을 침해 않는 한 결코 무용이나 음악이 미술을 침해 않는다는 것을 잘 알고 있었다.

커닝험은 미술가들의 협력을 구할 때 그들에게 아무것도 요구하지

않았다. 결과는 커닝햄의 무대미술은 언제나 그 자체가 가장 뛰어난 창의성 깊은 걸작 예술품이었다.

예를 들면 앤드 워홀(Andy Warhole)은 커닝햄의 작품 '레인포레스트(Rainforest)'에서 헬륨을 채운 은색방석들을 공중에 듬성듬성 걸어두고 무용수들이 움직이는 무대에도 마치 큰 재덩이처럼 여기저기 놓아둔다. 그리고 로버트 라운센버그(Robert Rauschenberg)는 '여름 공간(Summerspace)'에서 섬세한 무대 장치와 함께 무용수의 타이츠에 교묘한 색상을 넣어 무용수의 움직임이 3차원적으로 입체화되고 다이나믹한 표현이 되도록 했다.

그리고 자스프 존스(Jasper Jones)는 'Walkaround Time'에서 반투명의 박스들을 무대에 장치하기도 했다. 또한 프랭크 스텔라(Frank Stella)는 'Scramble'에서 밝은 색깔의 띠들 무대미술에 사용해 무용수들의 움직임을 확연하게 드러내 보였다. 그리고 로버트 모리스(Robert Morris) 같은 경우는 'Canfield'의 무대장치로 커다란 수직 대들보를 무대중앙에 세워 마치 태양이 무용수들을 비추고 그림자 지게 하는 것처럼 만들었다.

커닝햄은 20세기 초반 발레 뤼스의 디아길레프 못지않게 뛰어난 동시대의 예술가들로부터 많은 협조를 끌어냈다. 커닝햄이 이런 협조를 끌어낼 수 있었던 것은 무엇보다도 그가 무용이 심각한 문화행위(cultural activity)라는 확신을 가지고 실제로 이를 다른 예술가들에게 보여주었기 때문이다.

커닝햄은 그 자신의 예술, 무용을 다른 어떤 예술보다 중요하게 여기면서도 다른 예술을 존중할 줄 알았다. 이런 여러 가지 맥락으로 볼 때 커닝햄은 20세기의 가장 개혁적(innovative)이며 영향력 있는 (influential) 안무가였다고 볼 수 있다.

커닝햄이 이룩한 새로운 무용예술 창조의 틀이 그 이후 세대의 새로운 무용추구의 결정적인 기반이 되었다는 것은 누구도 부인할 수 없다.

2. 앨윈 니콜라이스(Alwin Nikolais)

앨윈 니콜라이스(Alwin Nikolais)는 역대 무용안무가 중 무용의 무대를 가장 빛나고 흥분되게 만들 줄 아는 안무가였다. 그는 단지 몇 개의 칼라 조명과 몇 장의 슬라이더만 가지고도 완전히 새로운 세상을 만들어 내었다. 그는 무용과 조명 그리고 환상적인 스테이지 분위기를 완전히 함께 조화되도록 하여 아찔하도록 새로운 무용의 패턴과 칼라를 창조해 냈다. 그는 무대의 조명과 소품, 그 중에서도 특히 조명을 천재적으로 사용한 안무가였다.

그는 독일의 현대무용 창시자이며 표현주의 안무가였던 메리 뷔그만의 제자였던 한냐 홈(Hanya Holm)의 제자였다. 따라서 그의 초창 기 작품은 표현적으로 흘렀다. 하지만 후반부로 갈수록 그의 작품은 비록 환상적인 작품세계는 계속됐지만 결코 감정을 표현하기 위한 좁은 의미에서만으로는 제작되지 않았다. 그는 공간에서 이루어지는 무 용 움직임의 새로운 차원을 찾아 나섰으며 그의 무대공간은 무용의 모든 요소들이 완벽한 조화를 이루고 있었다. 그리고 그는 무용수들은 결코 슬픔이나 기쁨 같은 감정표현의 도구(an instrument of emotion)로 사용돼서는 안 되고 움직임의 도구(an instrument of motion)가 되어야 한다고 했다. 그도 그레이엄, 험프리 등의 지나친 자기표현에 반기를 든 것이다.

니콜라이스는 그의 작품을 직접 안무하고 작곡하였으며 무대 디자인까지 본인이 스스로 했다. 실제로 그는 본격적인 무용수가 되기 전에 무용반주가, 무대기술자 등의 생활을 했다. 발레와 드라마 학교의 음악반주가 생활도 했고 무성영화의 반주가로도 일했으며 인형극 극장을 직접 운영하기도 했다. 그는 이런 일들을 하면서 무대의 기술적인 요소들을 흥미 있게 관찰했다. 발레단을 위해 조명시설도 해보았고 인형극 극장에서는 의상, 무대장치, 조명 등을 모두 혼자 맡아야 했었다. 그는 극장무대에서 일어나는 모든 기술적인 요인들에 흥미를 가지고 이들 요소들 모두가 완벽히 조화를 이루어야 좋은 예술작품이 탄생한다는 확신을 갖는다. 그는 23세 때부터 무용을 시작한다.

1953년에 발표한 '마스크, 소품, 모우빌(Masks, Props and Mobiles)'은 그의 첫 번째 실험 작품으로 볼 수 있다. 무용수들이 그들의 의상을 넓혔다 좁혔다 하면서 무용수의 신체를 변형시킨 이 공연을 어떤 사람들은 무용으로 인정하지 않기도 했다.

어떤 장면에서는 의상으로 무용수를 완전히 가리고 의상이 변하는 모습에서 무용수의 움직임을 유추시키기도 했다. 하지만 니콜라이스는 이런 방식의 의상이나 소품 등이 무용수의 개인화를 막고 심지어는 비인간화(dehumanization)까지 가능하게 한다고 믿었다. 그는 사람들이 그 자신들이 아닌 물건을 통해 그들을 확인할 수 있게 하고 싶다고 했다.

니콜라이스는 현시대는 아리스토텔레스시대의 주장, 즉 시간(time)

과 공간(space)이 함께하는 시대가 아니고 시간과 공간이 서로 상대적인(relative) 개념으로 움직이는 시대라고 했다. 다시 말하면 현시대는 아인스타인의 상대성 원리가 적용되는 시대라고 했다. 따라서 그는 그의 작품구조는 언제나 서로 상대적으로 변하고 있으며 인간 신체의 다이나믹한 움직임도 언제나 변하고 있다고 했다.

아울러 그의 무용수들도 결코 그 이전의 무용에서처럼 어떤 고정된 성격묘사들 하는 연기를 하지 않도록 한다고 주장한다. 이로 인해 그는 그의 공연에서 사람의 존재들 약화시키고 비인간화시킨다는 비난을 받는다. 그는 그의 작품 'Triadic Ballet'에서 의상, 메이크업, 소품, 조명 등을 통해 무용수들의 신체를 변형시키거나 숨기게 한다.

니콜라이스는 이런 경이로운 안무 방식으로 관객들을 끝없는 미지의 세계로 이끈다. 그는 무용수들을 천상의 존재로 만들기도 하고 현미경 속의 작은 피사체로 만들기도 하며 연못 속에 있는 생물들처럼 만들기도 한다. 니콜라이스의 안무철학은 동화와 과학에서 한꺼번에 나온 것이다. 따라서 그의 무용작품에 나오는 무용수들은 로맨틱 발레에서 나오는 반인간상태의 요정이나 실피드(sylphid)들보다도 훨씬 더 환상적이며 미지의 세계에 존재한다. 그는 그의 작품에서 실제의 사물을 표현하려고 한 것이 아니라 어떤 물체가 만들어내는 모양, 색깔, 질감, 공간, 시간 등을 그려내려고 했다. 1953년부터 1959년 약 7년 동안 니콜라이스는 여러 의미 있는 작품들을 발표한다.

1956년에는 '만화경(Kaleidoscope)'과 '프리즘(Prism)'을 1957년에는 'Cantos' 그리고 1959년에는 'Allegory'를 발표한다. 그는 이들 작품에서 조명, 의상, 전자 사운드 및 그의 무용안무를 완벽히 조화시켜 관객들에게 놀라운 무대무용의 신비함을 보인다.

'만화경'에서는 그가 고안해낸 소품을 사용해 무용수의 신체를 늘렸다 줄였다 한다. 그리고 '프리즘'에서는 움직이는 무용수들의 모습을 변화시키기 위해 완벽한 조명을 사용했다. 그리고 그는 무용구조에 대한 실험도 했다. 그의 작품 '만화경'에서 작품순서가 맞지 않는 안무들하기도 했고 '프리즘'에서는 강렬한 전자사운드와 움직임을 사용하면 두 개의 무용장면이 한꺼번에 겹치는 모습도 보였다.

니콜라이스는 '움직임(movement)'이라는 단어들 완결된 동작이 아니고 진행되는 동작이기 때문에 더욱 좋아한다고 했다. 결국 그도 움직임의 본질 그 자체들 추구해나간 것으로 볼 수 있다.

니콜라이스는 무용이 추상화(abstraction)된다고 하더라도 무용에서 감정(emotion)은 완전히 사라지지 않는다고 믿었다. 그는 그의 작품에서 결코 무용수들이 어떤 드라마틱한 역할을 의도적으로 수행하거나 표현하지 못하게 했다. 그도 커닝햄과 마찬가지로 무용에서 중요한 것은 감정(emotion)이 아니라 움직임(movement)이라고 했다. 그러나 결국은 그 움직임들이 전체적으로 모이면 전혀 의도적이지 않더라도 작품 전체를 통해 감정이 나타난다고 했다.

니콜라이스의 작품들은 이미지들이 하나씩 하나씩 축적되면서 이루어져 나간다. 그의 작품은 부분보다는 전체가 의미 없게 된다. 커닝햄의 작품처럼 니콜라이스는 결코 작품을 직접적으로 설명하지 않고 단지 유추하게 할 뿐이었다. 그들은 안무가가 결코 어느 하나의 메시지에 집착하지 않고 관객들이 여러 가지 각도에서 그 작품을 해석할 수 있도록 했다.

3. 폴 테일러(Paul Tayler)

폴 테일러(Paul Tayler)는 미국 펜실베니아주 태생으로 미국의 명문대학 시라큐스 대학(Syracuse University)에서 미술을 전공한다. 재학 중 훌륭한 수영선수였기도 했던 테일러는 줄리아드 예술학교 무용학과 로 편입한다. 다른 거의 모든 남자 현대무용수들과 마찬가지로 늦은 나이에 무용을 시작했지만 그는 줄리아드 예술학교에 장학생으로 입학한다. 실제로 그는 줄리아드 편입학 오디션 때까지 무용훈련의 경험이 없었다. 그는 졸업 후 마사 그레이엄 컴퍼니와 머스 커닝햄 무용단 등에서 무용했다.

그는 1956년에 그의 무용단을 설립한다. 그는 무용단 창립 후 해외 순회공연 특히 유럽공연을 많이 했다. 그리고 미국 내 공연도 활발히 가졌으며 미국 전역의 대학캠퍼스 순회공연도 많이 했다. 그의 작품이 다른 무용단 혹은 발레단에서 공연되기도 했다. 예를 들면 헨델의 음악에 맞춘 그의 작품 '공기(Airs)'는 어메리칸 발레씨어터(American Ballet Theatre)에서도 공연했다. 비록 이 작품은 고전 발레의 기본 테크닉 개념을 생각하지 않고 안무되었지만(남자 무용수와 여자 무용수 모두 맨발로 공연한다) 현대무용단인 테일러의 무용단 못지않게 어메리칸 발레씨어터의 발레 무용수들과 잘 매치되는 작품이었다.

테일러의 이 작품이 발레단에서 공연될 때 테일러 안무의 어려운 점프와 빠른 스피드들 극복해낼 수 있는 발레 무용수들을 찾는 것은 쉬운 일이 아니었다고 한다. 하지만 테일러의 작품을 잘 소화시키는 발레 무용수들은 나이 많고 경험 있는 노련한 무용수들이 아니고 젊은 군무 무용수 중에서 찾을 수 있었다고 한다.

다른 현대무용 안무가들이 주로 20세기의 현대 음악에 맞춘 작품을 만들지만 테일러는 바로크 음악(baroque music) 같은 고전음악을 그의 현대무용 안무에 완벽히 적용시키는 능력이 있었다. 테일러 현대무용단의 간판 작품이라고 볼 수 있는 'Esplanade'는 바하의 음악 '더블 바이올린 콘체르토(Double Violin Concerto)'에 맞춘 작품이다. 사실 조지 발란신도 이 음악을 그의 작품 '콘체르트 바르코(Concerto Barocco)'에 사용하였다. 잘 알고 있듯이 발란신은 발레 안무의 거장이다. 따라서 발란신과 테일러가 각각 어떻게 바하의 같은 곡을 그들의 음악에 사용했는지 살펴보는 것은 대단히 흥미로울 것이다. 발란신은 바하의 음악의 대위법적인 구조를 섬세하게 처리했다. 하지만 테일러는 스피드와 넘치는 충만감을 강조했다. 테일러의 작품에서는 모든 무용 움직임이 자연스러웠다.

심지어는 점프하거나 걷거나 달리는 모습까지 자연스럽게 포함시킨다. 그리고 무용도중 움직임의 방향을 갑작스럽게 자주 바꾸기도 했다. 테일러는 후에 "바하의 이 훌륭한 음악을 단순히 듣고만 있을 때는 음악 모든 것이 안정되고 질서 정연하게 대칭(symmetrical)되어 있는 것처럼 보였다. 하지만 막상 작품안무에 들어가 보니까 이 음악은 불규칙 박자와 템포가 다양하게 얽혀 있다는 것을 알 수 있었다"라고 했다. 바하의 음악을 무용에 적용시킨다는 것은 대단한 능력이 없으면 불가능한 일이라는 것을 무용안무가들 모두가 잘 알고 있다. 바하의 음악을 무용에 훌륭히 소화시킨 사람은 발란신과 테일러 밖에 없다.

테일러는 몇 개의 스토리가 있는 발레를 만들기도 했다. 하지만 결코 그도 그의 작품에서 그가 말하려는 것이 바로 이것이다라는 식의 공연을 하지 않았다. 예들 들면 그의 작품 '빅바타(Big Bertha)'에서는 가족들이 야외놀이공원에 놀러가고 거기서 '빅바타'라는 자동머신기계를 만난다. 엄마, 아빠 그리고 예쁜 어린이 한 명으로 구성된 전형적인 도시의 가족인 이들은 공원에서 펼쳐지는 무용축제에 흥겹게 빠져든다.

그러나 '빅바타'라는 자동머신기계가 서서히 악마 같은 일을 저지르기 시작한다. 공원전체가 무자비하고 처참한 기계의 난동으로 끝난다. 테일러의 이 작품의 메시지는 여러 각도에서 해석될 수 있다. 현대사회에서 기계문명의 위험함을 이야기하는 것일 수도 있고 현대사회의 가족구성원이라는 조직의 허술함을 말할 수도 있다. 이 작품에 대한 해석은 천차만별로 달라질 수 있다. 테일러는 결코 그의 공연 프로그램에서 이 작품의 의미와 의도를 적지 않았다. 모든 해석은 관객들의 생각에 달린 것이다.

테일러 무용단의 무용수들은 모두 자신의 확연한 개성을 무대에서 나타내고 있었다. 대부분의 다른 무용단의 분위기와는 달리 테일러 무용단의 무용수들은 결코 상품진열대에 구색을 맞추는 식의 조직이 아니었다. 그들은 키가 크기도 하고 작기도 했으며 예쁘기도 하고 그렇지 않기도 했으며 잘생긴 남자도 있었으나 그렇지 않은 남자 무용수들도 있었다. 그리고 신체가 큰 사람도 있었고 적은 사람도 있었다. 테일러는 무용수들의 개성을 존중한 것이다. 그는 무용수들에게 무대에서 사람처럼 공연하라고 했다. 실제로 테일러는 그의 공연을 통해서 흔히 우리가 외모로 느끼는 것하고 진실된 내용은 완전히 다르다는 것을 보여주기도 한다.

1976년에 발표한 'Clovin Kindom'에서는 완벽하고 사치스러운 정장으로 잘 차려입은 말쑥한 신사, 숙녀들이 등장하는데 그들의 숨어 있는 동물적인 본성이 밀림에서 울려오는 드럼소리로 표출된다.

1980년대에 들어서 테일러는 니진스키의 전설적인 발레 '봄의 제전(The Rite of Spring)'을 재안무한다. 그는 그가 재안무한 작품의 이름을 '리허설(The Rehearsal)'이라고 했다. 스트라빈스키의 음악을 두 대의 피아노곡으로 편곡한 음악에 맞춘 이 작품은 여러 가지 의미를 병렬적으로 가진다.

흉악한 악한이 어린이를 유괴하는 탐정스토리가 나오고 무용연습하는 장면이 나타나고 니진스키의 발레가 떠오른다. 어린이를 유괴당한 어머니의 슬픔이 제물로 선택된 처녀(the chosen Maiden)의 절망을 은유하고 리허설하는 무용수들이 땅을 내려딛는 동작이나 점프하는 동작이 원시 부족인들의 무용을 연상시킨다. 스트라빈스키의 음악을 가장 완벽히 그리고 가장 참신하면서도 박진감 넘치게 사용한 작품으로 인정받는다.

4. 제임스 워링(James Waring)

제임스 워링(James Waring)은 기존무용의 잘못된 관습을 타파하는데 가장 앞장을 선 인물로 알려져 있다. 하지만 사실은 그는 그의 무용 생활 대부분을 클래식 발레단과 함께 보냈다. 캘리포니아에서 태어 난 그는 뉴욕에서 본격적으로 무용을 시작한다. 그는 여러 가지 예술에 대한 깊이 있는 식견이었다. 특히 그는 미술에 조예가 깊어 콜라주 기법화가(collagist)로서도 명성을 날리며, 이런 그의 경력이 무용안무에 진하게 묻어 나온다.

그리고 그는 미술가로서의 경력을 살려 그의 무용작품의 의상과 무대 세트는 모두 손수 제작하였다. 그의 무대의상은 아직까지도 가장 뛰어난 것으로 평가되고 있기도 하다. 그리고 그는 그의 뛰어난 예술감각과 클래식 무용에 대한 지식 등으로 대단히 우아하고 아름다운 작품을 만들어 내기도 했다. 특히 그의 작품 'Poet's Vaudeville'와 'Spookride'는 대표적인 이런 류의 작품이다.

그러나 무엇보다도 그의 큰 업적은 그가 무용지도자로서 새로운 세대를 이끌어갈 젊은 무용수들과 신세대 안무가들을 육성했다는 것이다. 그는 1950년 말부터 폴 테일러를 위한 작품을 안무하기도 했으며, 그의 무용단에서 이본 레이너(Yvonne Rainer), 루신다 차일드(Lucinda Childs), 데보라 헤이(Deborah Hay) 등 포스트 모던 시대를 열어나갈 새로운 젊은 안무가들을 지도하고 공연하게 했다.

제임스 워링의 무용은 커닝햄의 무용과 비슷하게 보였다(아마도 두 사람의 발레 경력 때문일지도 모른다). 그는 그의 공연 중 무대공간을 중간부분에 집중시키지 않았고, 무용 안무에 콜라주 기법을 도입하였으며, 무용의 구조도 비연결적으로 만들었다. 그러나 비록 그의 무용 작품에 커닝햄과 마찬가지로 발레의 특성이 묻어 있었으나 그는 결코 커닝햄처럼 찬스기법을 쓰지 않고 직감에 의한 안무를 했다.

워링은 1950년 중반부터 무용에서 드라마틱하거나 설명적인 요소를 제거한다. 그는 발레의 기법, 뮤지컬, 무용 그리고 일상적이며, 심지어는 반전통적인 제스츄어까지 섞어 이용해 작품을 만든다. 이런 그의 무용제작 방식은 그의 제자들에게 큰 영향을 미친다.

워링은 젠틀하고 유머 있는 신사였다. 그리고 그는 다른 장르의 작품을 모방제작(parodying)하기도 했다. 워링은 1950년대 말부터 안무교실을 열고, 1959년과 1960년대 사이에 그들 제자들의 작품을 그가 운영하던 'The Living Theatre'에서 공연하기도 했다.

워링과 함께 공연하고, 워링의 지도를 받던 그 당시 새롭게 태어나던 젊은 안무가들은 포스트 모던 무용의 새로운 지평을 연다.

1950년대의 아방가드 현대무용수들이었던 머스 커닝햄, 알린 니콜라이스, 폴 테일러, 제임스 워링 등은 그들의 다양한 무용활동을 통해 60년대 젊은 무용수들에게 새로운 실험정신을 불러일으킨다. 그들은 그들의 바로 다음세대 젊은 안무가들에게 기존 무용의 틀에 과감히 도전하는 정신과 힘을 일깨워 주었고, 특히 젊은 무용수들에게 실험 공연과 실험안무의 장소를 제공하고, 분위기를 조성해 주었다.

그러면 지금부터는 그들의 제자였으며 후배들이었던 당시의 새롭게 태어나던 젊은 안무가들, 즉 트리샤 브라운(Trisha Brown), 루신다 차일드(Lucinda Childs), 더글러스 듄(Douglas Dunn), 시몬 포터(Simone Forti), 데이비드 고든(David Gordon), 캐네스 킹(Kenneth King), 메르디스 몽크(Meredith Monk), 스티브 팩스톤(Steve Paxton), 이본 레이너(Yvonne Rainer), 트왈라 샵(Twayla Tharp) 등이 과연 그들의 실험 정신을 이어받아 60년대와 70년대에 어떤 일을 하는지, 그리고 이 신세대 무용안무가들이 무용사적으로 얼마나 중요한 사건을 만들어 내는지 자세히 살펴보겠다.

5. 트리샤 브라운(Trisha Brown)

워싱튼주 애버딘 서해안에서 자랐다. 프로그램에서 게재되고 있는 바이오그래피에는 생년월일은 공표되고 있지 않은데, 저드슨 댄스 씨어터의 멤버인 이본느 레이너 등과 동 세대라고 하면, 1930년대 중반에서 후반에 걸쳐 태어났다.

캘리포니아의 밀즈 컬리지에서 현대 무용을 공부했다. 코넥티커트 컬리지의 여름 학교에도 참가하고, 호세 리몬, 루이스 홀스투, 머스 커닝험 등에게서 배웠다. 대학 졸업 후, 밀즈 컬리지, 폴랜드의 리드 컬리지(58~60년), 뉴욕 대학 등에서 무용을 가르침. 육십년 여름에는 San Francisco의 안나 헬프린(20년생)의 하기 워크숍에 참가, 거기서 시몬느 폴티, 이본느 레이너와 우연히 만난다. 이듬해 가을에 뉴욕으로 옮겨져서, 로버트 단의 컨포지션(안무)의 클래스를 수강했다. 60년대 전반에 활동을 시작한 저드슨 댄스 시어터의 창립멤버의 한 사람이다.

소위 포스트 모더니스트의 거점이 된 그룹으로 뉴욕의 커닝햄 스튜디오에서 가진 로버트 던의 컴포지션 클래스의 수강자가 중심이 되어 파생한 것. 강사인 던은 존 케이지에게 배운 뮤지션(musician) 같이 음악가 루이 홀스트가 현대무용의 요람기에 댄스 컴포지션을 가르친 것

과 기묘하게도 부합하고 있다. 초년도 60~61년의 수강자에는 레이너 폴더, 스티브 팩스튼 등이, 차년도에는 데이비드 고든, 알렉스 데보라 헤이 그리고 트리샤 브라운 등이 있다. 단은 테크닉도 테마도 소재도 구성도, 기성의 개념, 가치관, 방법론에 사로잡히지 않는 자유로운 컴포지션을 장려하였다고 한다.

1962년 7월, 이들 수강생들에 의한 합동 콘서트가 뉴욕의 그리니치 빌리지에 있는 저드슨 메소리얼 처치에서 열렸다. 저드슨 처치뿐만 아니라 미술관, 갤러리, 페스티발에서도 집합적, 단속적으로 공연을 했다. 또한, 브라운은 1970년에 발족한 그랜드 유니온의 창립멤버의 일원이기도 하다. 안무가와 퍼포머의 공동체로 임의로 공연을 가지고, 그룹에서 인프로비제이션을 행했다.

멤버는 레이너, 고든, 팩스튼 등 저드슨 이래의 얼굴이 많다. 저드슨 댄스 씨어터나 그랜드 유니온의 멤버들이 개척한 뒤에 포스트 모던(post modem)이라고 불리워지는 무용을 기성의 무용과 대조하면 작자 출연자가 반드시 훈련된 무용구 아니고, 일상적인 움직임을 취하고 있고, 즉흥의 요소가 있고, repeatability가 많고, 음악뿐만 아니라 자연계의 템포로 춤춘다. 라고 하는 차이점을 들 수 있다.

비디오에서 고든의 무용발레의 〈라 바야데르〉의 그림자의 왕국의 음악에 맞춰서 씨즌에 스니커 또는 레오타드에 맨발 등, 여러 모양의 출연자들이 행렬하는 모습이 정말 익살스러움과 팩스톤의 컨택트 인프로네제이션(여러 명의 무용수가 서로 들어올리기도 하고 어깨에 지기도 하고 던지기도 하고, 유동적으로 계속 움직이는) 등 기성의 방법론에 의하지 않는 무용을 보고, 어휘(Vocabulary)의 신선함에 감명을 받은 기억이 있다. 그들의 활동은 오늘날이야말로 [post modern]의 이름하에 인지되고 있지만, 당시는 발레와 현대무용의 일반적인 관객층과 주요 신문의 평론가로부터는 방관 내지 부인되고 있었던 것 같다.

브라운은 1970년에 트리샤 브라운 컴퍼니를 결성, 저드슨과 그랜드 유니온에서의 활동과 병행하여서 실험적인 작품을 발표하고 있다. 예를 들면, 그녀의 랜드 마크의 하나인 [맨 워킹 다운 더 오브 사이드 더 빌딩](1969)은 빌딩의 외벽에 직각으로 로프에 매달린 무용수가 가로 방향으로 보행하는 것.

리더의 구령으로 미리 정하여진 규칙에 따라서 무용의 내용을 바꾼다. 예를 들면, 개개의 움직임의 방향, 컴비네이션을 바꾼다고 하는 것이다. 무용을 보다 본질적인 수준으로 분해하는 것을 시도하고 있었던 것으로, 전자에서는 도구를 사용하여서 신체를 허공에 매달므로써 새로운 공간을 체감하는 것, 후자는 수식적인 수법으로 무용으로 구성하는 것이라고 환언할 수 있다.

1980년대에 들어가면, 브라운의 작품은 전술한 저드슨이나 그랜드 유니온 시대와는 경향이 변하고 보다 스케일이 큰 무대작품으로 들어가게 되었다. 로버트 라우젠버그, 로리 앤더슨, 캔 타바츄닉 등의 미술·음악·조명아티스트들과의 공동협력을 통해서 작품을 만들어내고 있다. 또한 '현대무용과 발레 나름대로의 테크닉을 필요로 하는 안무가 증가하는데 따라 1980년대의 단원들은 정규의 무용훈련을 쌓는 무용수가 중심이 되었다(덧붙여서 1990년 11월에 마이클 클라크와 함께 방일한 스티븐 페트로니오는 트리샤 브라운의 본 단원이고, 1988년 5월의 방일직전에 퇴단하였다.)

1988년의 일본 공연 프로그램에서도 있었던 [라데랄 패스]는 낸시 그레브즈의 미술 '페터즌모의 음악, 비바리 엠모스에 의한 1985년의 작품 레오타드에 튜브와 같은 것을 매단 의상, 오른쪽이 소매가 없는 셔츠 왼쪽이 레오타드에 타이트하게 밀착된 기묘한 의상을 입은 무용수들이 종횡으로 컴비네이션을 바꾼다. 특히 안무에 있어서 남녀의 차이를 구별하는 것이 없다. 감정과 이야기를 작품으로 표현하는 것도 없다. [폴리키네틱](그녀 자작의 조어로 폴리=많은, 키네틱=운동의 활동적인)과 브라운 스스로 부르는 것 같이, 움직이는 그 자체의 어휘의 풍요함, 유연함은 현재의 브라운 작품의 특징의 하나이다. 같은 작품에서는 브라운의 안무는 말할 것도 없고, 무용수로서의 브라운이 또한 인상적이었다.

신속하고 가볍고, nonchalant한 연기, 동작의 아름다움이 눈에 띈다. 최근에는 나폴리의 산 카를로 오페라가 제작한 리나 웰트뮬러 연출에 의한 오페라 [카르멘]을 안무 컴퍼니의 무용수가 출연했다.

1988년의 일본 공연을 전후해서 모스크바에, 또 리용의 비엔나레 페스티벌에 초청되었다. 1987년에 아메리카 댄스메거진상과 영국 로겐스 올리비에 상을 수상했다. 그녀를 기획특집으로 한 TV 프로그램으로서 [트리샤 앤드 카르멘], [얼라이브 프롬 오브 센터], [비욘드 더 메인스트림] 등이 있다.

6. 로라 딘(Laura Dean)

1945년 12월 3일, 뉴욕 시 스타틴 아일랜드 출신. 1970년대 후반에 활발하게 된 무용에 있어서의 미니멀리즘 추진자의 한사람. 스스로의 무용에 음을 붙이는 작곡가이기도 하다. 걷고, 달리고, 스킵하는 등의 심플한 움직임을 반복하고, 조합하여서 행하는 수법으로 특히 스핀을 많이 이용한다.

딘의 스핀은 한 점에 시선을 고정하는 발레의 그것과는 달리, 몸통과 머리가 함께 움직인다. 중동의 스피, 다아비쉬라고 불려지는 회교일파의 사람들이 신과 하나로 되는 기원으로서 행하는 스핀과 서로 비슷하다. 동일하게 미니멀(minimal)한 춤을 만들어 딘과 잘 비교되

는 루씬다 차일즈의 무용이 컨트롤이 되고, 금욕적인 것에 비해서, 딘의 것은 무용하는 사람의 키네틱한 감각을 중시한다.

7세 때 맨하탄에 있는 사이드 스트리트 음악학교(music school)에서 호세 리몬 무용단의 솔로리스트, 루카스 호빙에게서 현대무용의 초보를 지도받는다.

11세부터는 스쿨 오브 어메리칸 발레에 다니고, 포밍 아트 하이스쿨에서는 현대무용을 전공, 고등학교 시절부터 이미 폴 테일러 무용단에서 춤을 추는 등, 빨리 두각을 나타낸다. 폴 사나사드 무용단에서도 춤을 추고, 그 후 1969년에는 샌프란시스코로 갔다.

거기서 밤에 뱅크 오브 어메리카의 사무 일을 하면서 춤추는 데 몰입한다. 당시의 반체제의 정신에 연동하듯이, 딘도 여태까지 익혀온 기존의 무용 무브먼트를 버리고, 춤이란 무엇인가를 다시 묻는다. 그 안에서 생겨나온 것이 심플한 움직임을 반복하는 미니머리즘의 수법이다.

1971년에 뉴욕에 돌아가서 [스탬핑 댄스], [스퀘어 댄스], [점핑 댄스]라고 하는 작품을 발표. 1975년에는 [트라밍]을 시초로 미니멀리스트 작곡가인 스티브 라이히와 함께 작품을 만들기 시작한다.

솔로와 그룹의 활동을 거쳐 1976년에 롤러 딘 댄서 앤드 뮤지션즈를 결성한다. 그 이후, 대부분의 춤에 스스로 곡을 쓰게 되고, [무용](1976), [나선형](1977), [music](1980), [팀파니](1981), [inner circle](1983), [샤먼 11](1987), [에크에터](1988) 등을 발표한다.

1980년에 죠프리 발레를 위해 [나이트]를 안무해서 성공을 거두어, 자기 컴퍼니 이외의 일에 손을 대게 된다. 죠프리를 위해 또한 [파이어], [포스 필드]를 창작하고, 1988년에는 뉴욕 시티 발레를 위해 스티브 라이히 작곡에 의한 [스페이스]를 안무한다.

7. 루씬다 차일즈(Lucimla Chills)

1940년 6월 26일, 뉴욕 출생. 루씬다 차일즈는 기성의 무용개념을 철저히 부정하는 속에서 무용을 다시 묻는 저드슨 그룹에 참가하고, 그 후 간단한 동작을 반복해서 조합하는 미니멀리즘을 발전시켰다. 커닝햄 테크닉과 발레로 성장한 차일즈의 춤은 [테크닉의 요소를 완전히 다른 다이나미즘으로 댄스에 도입했다고 본인이 서술한 대로 같은 미니머리즘이라는 보다 해방적인 로라 딘과는 다른 매우 정확하고 억제된 것. 무용수는 무표정하고 복잡한 기하학적 궤적을 그려서 춤을 춘다.

여배우 지망생이던 차일즈는 15세 때 마리 뷔그맨의 제자, 한야 홀름에게서 현대무용의 레슨을 받는다. 그 후 역시 현대무용의 개척자의 한 사람인 헬렌 타미리스에게서 사사. 그녀가 권장하여 사라 모렌스 대학에 입학, 거기서 컨포지션을 베시 숀베트그에게서, 커닝햄 테크닉을 주디스 단에게서 배운다.

1960년에는 방문 교수로서 온 머스 커닝햄에게서 사사, 여름방학에는 맨하튼의 커닝햄 스튜디오에 다닌다. 또한, 동시에 발레 레슨을 계속한다.

이본느 레이너와의 우연한 만남으로 그녀가 리더격이던 실험적 무용 그룹, 저드슨 처치 씨어터에 오리지널 멤버로서 참가, 약 2년 사이에 솔로를 중심으로 십 수개의 작품을 창작 공연했다.

당시의 작품은 일상적인 도구, 동작, 말을 사용한 것으로, 음악은 사용하지 않고 기성의 간막이 극장과는 다른 교회와 살롱 공간에서 행하여졌다.

1966년에 [나인 이브닝스 연극과 엔지니어링]이라고 제목 붙여진 실험적 퍼포먼스에 참가. 1972년에 자신의 컴퍼니를 결성하고, 뒤에 그녀의 특징이 되는 단순한 동작의 반복을 처음으로 사용한 작품, [카리코 민그린]을 발표한다.

1977년에 로버트 윌슨과 필립 글래스의 오페라 [해변의 아인슈타인]을 안무하고, 직접 춤춘다. 작품은 국제적 성공을 거두고, 이것을 계기로 다른 예술가와의 공동제작, 간막이 무대와 음악의 사용을 시작한다.

1979년에 초연된 무대에서는 미니멀리스트 조각가 솔 루이트가 필름을, 글래스가 음악을 담당하고 1981년의 [레라팅 콤]에서는 윌슨이 세트를 디자인하고, 존 깁슨이 작곡했다.

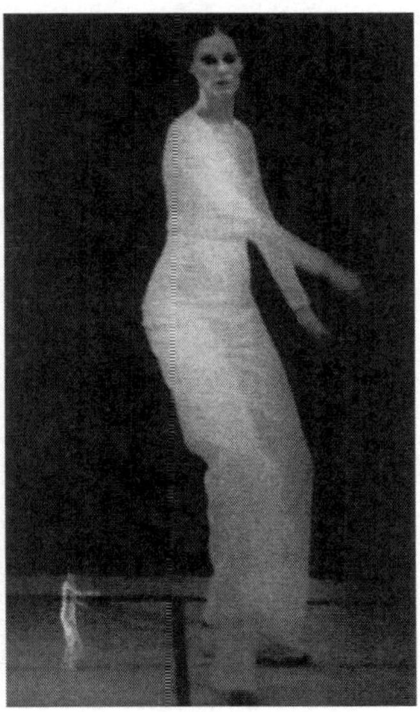

1983년의 [어베이러블 라이트]의 음악은 존 아담스, 의상은 로날드 샤마스크, 무대디자인(stage design)은 포스트 모던(post modern)건축가인 프랑스 게이리가 창작 1984년에는 루돌프 누레예프에게 초청받아 파리 오페라좌 발레를 위해 87년에는 하리 데이비드슨과의 공동 제작인 [커릭스]를 발표하였다.

8. 트와일라 더프(Twyla Tharp)

1942년, 미국 인디애나주 포트랜드에서 태어났다. 직업 음악가(pro musician)인 모친의 영향으로, 2세 때 피아노를 배우기 시작했다. 버튼 트와링 집시 댄스, 드럼, 바이올라 그리고 발레를 익힌다. 1951년에 일가는 칼리포니아의 바나딘으로 이주한다. 정신과 의사를 지망하여서 캘리포니아의 클레아몬트에 있는 포모너 컬리지에 입학하지만, 뉴욕의 버나드 컬리지에 편입해서 미술사를 전공했다.

학창 시절에 두 번 결혼, 두 번 이혼하고 딸 제시를 얻었다. 한편 발레 레슨은 계속하고, 어메리컨 발레 씨어터의 부속 학교, 마가렛트 클래스크, 리처드 토마스, 바바라 파리스 등의 밑에서 공부한다. 또한 재즈 댄스를 유진 루이스에게서, 현대무용을 마사 그레이엄, 앨윈 니

콜레이스, 에릭 호킨스, 머스 커닝햄, 폴 테일러에게서 배운다.

1963년, 버나드 컬리지를 졸업한 더프는 테일러의 컴퍼니에 입단한다. 그의 [스큐드라미(1963)]의 초연 캐스트는 던, 와그너와의 출연자와 함께 그녀의 이름(트와일라 영)이 열거되어 있다. 1965년까지 재적했다. 테일러 무용단을 퇴단한 더프는 1965년 봄, 안무가로서 데뷔했다. 뉴욕시립 대학의 원터 컬리지에서 공연된 프로그램은 처녀작 [탱크 다이브] 작품뿐이고 공연시간은 4분이 되지 않는다.

초연 당시의 사진을 보면, 더프는 길이 50~60cm 정도의 발이 끌리는 듯한 구두를 신고 있고, 발목부터 상체를 직각으로 구부리고 있다. 음악은 페트라 크라크의 히트곡 〈다운티타운〉 1967년의 jam은, 성실한 체하는 세 사람의 여성 무용수가 손에 쥔 스톱워치로 시간을 재면서 저드슨 처치 안을 배회하고, 또는 손에 있는 계란을 마루에 떨어뜨린다는 장면으로 구성되어 있다.

초기의 더프의 작품에는, 이 작품과 같이 전위적인 작풍(作風)이 두드러진다. 또한 미술관, 갤러리, 옥외 등 기성의 극장 공간 이외의 장에서 공연을 행하는 등, 그 당시에 대두하기 시작한 포스트 모더니스트들과의 공통점이 있다.

1970년의 〈더 푸가〉에서는 무용수의 발에 마이크가 달려 있어서, 마이크를 통해서 들리는 발소리에 맞춰 스탭을 복잡하게 변형시켜 가는 형식 이것은 더프의 전위성이 강한 작품으로서는 최후의 것이 되고 있고 이후, 소위 전통적인 무용 테크닉의 비중이 증가하고 있어, 더프절이라도 부를 수 있는 독특한 스타일을 확립하여 간다.

〈더프절〉, 즉 현대무용, 사교춤, 탭, 재즈, 발레 그 외 모든 것의 테크닉을 자유자재로 취한, 정력적이면서 어려운 테크닉이 가득 찬 독특한 톤(tone)으로, 1983년의 최초 방일공연에서 보여준 〈브람스 파가니니〉(1980)는 그 전형적인 작품이다.

수 명의 출연자가 뒤섞여서 춤을 춘다. 여러 명의 무용수가 동시에 점프하면서 교차하기도 하고, 뛰어오른 무용수를 다른 무용수가 허공에서 케치하고, 케치되었을 때의 반동을 이용하여서, 재차 뛰어오르는 등, 사소한 타이밍의 실수도 허용되지 않을 것 같은 치밀한 구성이 인상 깊다.

어메리컨 발레 씨어터의 레퍼토리이기도 한 [시나트라 쏭즈(1982)]는 [마이 웨이] 등 시나트라 일련의 노래를 사용한 작품으로 작은 체구에 턱시도 차림의 남성과 높은 구두에 검은 드레스 차림의 여성이 춤을 춘다. 사교춤의 우아한 스탭에 더프만의 thrilling한 support의 combination이 가미된 것. 오스카 디 라 렌타에 의한 엘레강트한 의상도 볼거리의 하나이다.

치밀한 구성도 더프의 트레이드 마크의 하나이다. 예를 들면, 전술한 [더 푸가]는 3인의 무용수가 이십 카운트 길이의 프레이즈를 체위법적으로 변형시켜가는 것이지만, 개개의 프레이즈는 일견 단순하면서 그것이 a1, a2, a3…로 변형하여 가는 것을 보고 알 수 있거나 또는 들어 알 수 있는 것은 용이한 것이 아니다. 보았을 때의 재미는 차치하고 교묘하기까지 한 복잡한 구성에 대해서 더프는 잡지 인터뷰에서 다음과 같이 말하고 있다.

원, 투, 쓰리, 포라고 카운트 할 수 없었던 모차르트나 베토벤을 즐기듯이(무용작품의) 구성을 알지 못해도 좋다. 구성은 자기 자신의 관심사인 것이다. 설령 내가 명령하였다고 하더라도(미묘한 구성의 차이를) 발견할 수 있는 사람은 거의 없을 것이다. 내가 만든 것을 두 번 정도 보고, 어떤 디자인이었는지 이해해줄 수 있다고 생각하는 사람은 단 한사람(조지 발란신을 가리킨다) 밖에 없다(어메리칸 댄스 매거진 80년 3월호에서 인용.)

직장인 예술적이라고까지 할 수 있는 치밀한 구성과 오락성이 풍부한 작품으로, 더프 컴퍼니의 인기는 높아진다. [에잇 제리 로즈], [더 빅피세즈](1971), [스즈 레그](1975) 등, 더프를 찍은 TV 프로그램도 제작되고, 그 하나인 [스즈 레그]는 동경 어메리컨 센터에 비디오가 소장되어 있다. 1973년의 [듀스 쿠페]는 더프 제프리 발레를 위해 처음으로 안무한 작품으로 매우 호평을 받았다고 전해진다. 전위적인 안무가로서 출발한 더프의 작품이 제프리 발레를 통해서 보다 광범위한 관객의 눈에 보임으로써, 그녀를 기억하는 하나의 분기점이 된 작품이다.

어메리칸 발레 씨어터에서는 1976년에 제1작 [push comes to show]를 안무했다. 엔지색의 쇼트(shirt)를 7부 길이의 팬츠에 레그 포머를 입은 바리시니코프가, 호흡을 삼키게 하는 초인적 테크닉과 유머의 센스를 생각대로 보여준다. 전성기의 바리시니코프에게 맞는 역이었고, 동시에 더프의 이름을 높인 작품이기도 하다. 그 외에도 [바하 파르티비], [little Ballet]를 제공했다. 뉴욕 시티 발레에서는 1984년에 제롬 로빈스와 [브람스/헨델]을 공동 안무하였다.

발레라고 하는 빅 마켓에 진출한 더프는 더욱 활동영역을 넓혀 상업 영화(1978), [헤어](1980), [러그 타임](1985), [아마데우스와 브로드웨이 뮤지컬 1985]의 [싱잉 인 더 레인]에서 안무를 맡았다.

1988년에는 어메리컨 발레 씨어터의 아티스틱 어소시에이트(예술고문)로서 영입됨과 함께 무용단을 해산, 원 ABT 단원인 에레인 크도우길 보그스 등의 일부 무용수는 더프와 함께 ABT에 입단했다.

ABT에서 만든 신작 〈인 디 업퍼 룸〉은 1989년의 일본 공연의 프로그램에 들어가 있다.

9. 메러디스 멍크(Meredith Mornk)

미국의 안무가, 작곡가, 연출가, 영상작가 [石切]이나 [게임]에서 보는 바와 같이, 무용이라고도 연극이라고도 할 수 있는 멍크의 작품은 오스카 슐레머, 앨빈 니콜라이스의 계보 상에 있다고 할 수 있다. 로버트 윌슨이 연극으로부터 입문, [오페라]라고 부르는 작품을 만들었던 것에 대해서 멍크의 경우, 무용으로부터 입문, [오페라를 만들었다. 음악과 퍼포먼스로부터 입문, 오페라를 만든 것이 토리 앤더슨, 그녀는 동 세대와는 달리, 무용을 만들 때도 순수한 미니멀리즘의 추상을 위해, 성격과 감정의 상관관계를 버리지 않는다.

그 점에 있어서 멍크는 쥬디스 던에게서 배우고 있음에도 불구하고, 데니숀이나 마사 그레이엄의 흐름에 있다고 할 수 있을 것이다. 또한, 커닝햄과 같이 반드시 극장만을 공연 장소로 선택하고 있지는 않다. 멍크는 1943년 11월 20일, 페루의 리마(Lima)에서 태어났다. 모친은 프로 가수이고, 리마(Lima)를 여행 중이었다. 그러한 환경에서 노래를 부르고, 악보를 읽게 된다. 이미 3세에 클래식 댄스를 배우고. 조금 있다가 정식으로 음악을 배우기 시작했다.

사라 로렌스 대학에서 퍼포밍 아트를 전공하고, 무용을 배운다. 거기서 가르치고 있었던. 머스 커닝햄 컴퍼니의 멤버이던 쥬디스 던으로부터 머스 커닝햄의 무브먼트의 영향을 강하게 받는다. 재학 중 멍크는 작곡 클래스에서 커닝햄의 [우연성]을 취한 방법론을 사용해서 무용을 만들고 있다. 그러나 이 방법론은 그녀를 끌어들이지는 못했다. 그렇지만 커닝햄의 테크닉에는 끌렸다. 멍크의 초기의 무용 [Times top](1963)에는 커닝햄의 영향을 볼 수 있다고 한다. 그러나 그 후의 멍크의 관심은 신체의 동작에 한정되지 않았다.

멍크의 최초의 중요한 솔로 댄스 [브레이크](1964)는 그녀의 신체뿐만 아니라 공간으로의 관심을 잘 나타낸 작품이다. 그것은, 자동차의 노이즈(noise)를 음악으로서 사용하고 멍크는 스테이지의 프로세니엄 아치의 경계에 부딪힐 때마다 감정을 나타내지 않고 〈오오〉라고 소리를 낸다고 하는 것이다.

멍크는 검은 레오타드 위에 투명한 프라스틱제의 레인코트를 입고 있었다. 멍크의 초기의 작품으로는 이외에도 [나에게](1963), [풍자만화](1965), [해변](1965)이 있는데, 모든 작품이 자서전적인 요소가 강하다. 또한 동시에 이 시기에 멍크는 자기의 생각을 탐구하기 위해서 모든 무브먼트를 사용해 본다. [해변에서는 멍크는 탭 슈즈를 신는다.]

[풍자 만화]에서는 퍼포머의 한 사람은 더러워진 슬리퍼를 신는다. 또한, [포터블](1966)에서는 멍크는 작은 집을 무대의 위에서 만든다. 그 안에서 퍼포머가 자유롭게 움직일 수 있고 그리고 그 집은 들고 운반할 수 있다고 하는 것이었다. 동시에 1964년 이후, 멍크는 저드

슨 댄스 씨어터에 잠시 가입한다. 멍크는 그 외의 멤버와 같이, 극장 이외의 퍼포먼스 스페이스를 용이하게 발견하여 공연을 해 갔다.

그녀의 컴퍼니 [the house]는 1968년에 만들어졌다. 그것은 자주 엑스트라에 의해서 사람 수가 증가했다. [juice](1969)에서는 초대된 관객이 85명의 퍼포머와 함께 방황한다. 퍼포머는 서서히 구겐하임 미술관의 계단을 올라간다. 퍼포머가 가장 위에 도착했을 때, 회전하여 아래의 바닥으로 다시 달려가 관객은 훨씬 아래의 안뜰에서 행해지고 있는 퍼포먼스를 보게 된다.

[밧셀](1971)은 잔다크의 이야기에 고무되어서 만들어졌다. 네 개의 다른 장소가 설정되어 있다. 그 하나는 차고, 흰 천으로 만든 손으로 만든 산 속에서, 무용수가 여러 가지 행위를 하고 있다. 하아브를 주전자에 넣고, 책을 읽고, 화학약품을 조제하고 있다. 잔다르크는 멍크가 연기했다. 멍크는 마지막에 멀리에서 춤을 춘다.

작고 허무하게 보이는 멍크가, 화형을 연상시키는 듯한 용접 불꽃의 샤워를 통해 사라지는 것으로 작품은 끝난다. [소녀의 교뒤](1971)은 멍크의 최초의 국제적인 평가를 얻은 작품이다. 대부분이 여성인 퍼포머는 일상적인 일을 하고 있다. 가정의 매일의 일. 그러나 후반은 멍크의 날카롭게 울부짖는 소리가 들리고 솔로 무용이 행해진다. 멍크는 미국 인디언에게 발성법을 배우고 있다. 그녀는 하얀 옷을 뭉쳐 연단에 앉는다. 그리고 내려오면서, 꼬불꼬불한 하얀 포목의 길을 여행한다. 그녀는 회색의 가발과 안경을 버리고, 노인에서 순진무구한 어린 시절로 돌아간다. 작은 스텝과 회전과 도약을 수반한 그녀의 안무는 의도적으로 단순화되고 있다.

현대 생활의 공포로부터 자유롭게 되고 우아한 상태가 되는 것에 대한 희구는 멍크의 작품 중에서 되풀이 되어 나타나는 테마이다. 그것이 가장 잘 나타나고 있는 것이 [右切場](1976)이다. 역시 소녀가 열병으로 병상에 있다. 그녀는 제2차 세계대전에서의 홀로코스트를 꿈으로서 경험한다. 그 꿈이라는 것은 강제 퇴거시켜진 사람들과 피난민 유령의 큰 대열이다. 퍼포머는 자장가를 부르고, 구름의 형태로 커트된 마분지를 운반한다. 사이에 pool에 뜬 움직이지 않는 신체의 영상이 비추어진다.

멍크는 이 media mix의 작품을 [오페라]라고 부르고 있다. 그리고 안무가라고 하기보다는 씨어터 아티스트라고 자기를 설명하고 있다. [표본의 매일](1981)에서는 미국의 시민전쟁의 파노라마의 해체이다. 시민전쟁으로 두 집의 가족이 휩쓸리어 거울에 비친 모습에 고뇌한다. [게임](1983)에서는 정체불명의 우주선이 설정된다. 등장인물은 20세기의 문화를, 포 게임의 논객(論客)으로부터, quiz show까지의 범위를 포함시킨, 의식적인 일련의 게임으로서 연결한다.

[기행 series](1972, 76)와 같이 [게임]은 퍼포먼스 아티스트, 캐나다 태생의 중국인 핀과의 공동협력이다. 이 작품도 [오페라]라고 명명되어지고 있다. [훼이싱 노식](1992)은 로버트 이엔과의 퍼포먼스 하얀 커버가 무대에 깔려있다. 그 눈·산을 두 사람이 방황하며 걷는다.

멍크는 근래, 음악가로서의 활동을 활발하게 하고 있다. 피터그리나웨이가 미국 음악의 파이오니아를 찍은 다큐멘타리에서는, 4개의 part 중 하나를 멍크에게 할당하고 있을 정도이다. 그러나 그러한 음악활동도 [오페라]라고 하는 것을 강조하는 멍크의 무대와 강한 연결이 있는 것은 말할 나위도 없다.

10. 라르 루보비지(Lar Lubovidkh)

1943년, 시카고 출생. 아이오와 대학에서 회화를 전공했지만, 19세 때 지망을 전환, 뉴욕의 줄리아드 음악원 무용과 입학하였다. 루이 호스트[(1884–1964), M. 그레이엄의 멘터였던 음악가], 안나 소콜로(1912 년생), 앤터니 튜더, 호세 리몬, 마사 그레이엄 무용단 등에서 사사하였다. Marguerite black, American ballet theater school에서도 배워, modem dance와 발레의 다양한 스타일을 흡수하였다.

그 background의 유연성은 무용수로서의 carrier에서도 볼 수 있고, 줄리아드 재적 중에도 파르랭(1922년생), 그레이엄 무용단 출신의 무용가, 안무가의 공연에 출연한 것을 비롯, 그렌 틀리, 존 버틀러의 안무 작품과 Manhattan festival ballet, 산타페 오페라좌 발레(안무가를 겸한다), 하크네스 발레 등 다양한 컴퍼니에서 춤춘 경험을 갖는다. 루이 파르코와 앨빈 에일리의 컴퍼니에서 의상과 조명의 디자인을 한 적도 있다.

1968년, 루보비치 무용단을 결성하였다. 현재도 Manhattan의 down town의 창고가의 한 모퉁이에 스튜디오 겸 사무소를 가지고 있다. 세계적으로 지리 킬리안(1947년생), 윌리암 포사이즈(1949년), 피너 바우쉬(1940년)라는 Lubovitch 동년대 안무가의 약진이 두드러지지만, 유럽을 기반으로 한 사람들에 비하면, 무용수 20 몇 명 미만의 Lubovitch company는 결코 크지는 않다. 하지만 유럽을 기반으로 한 중견 안무가의 한 사람으로서 착실하게 일한 사람이라고 할 수 있다.

Luboritch 작품의 기본은 abstract한 것. 음악을 가만히 듣는 것이 안무의 제 1보라고 한다. 뉴욕의 스튜디오에서 [모든 것을 움직임으로 표현하고 싶고, 모든 것을 움직임으로 표현하고 싶고, 말하고 싶은 것을 움직임으로 결정(結晶)시키고 싶더라고 나에게 말한 적이 있듯이 이런 스토리와 미술, 의상류를 사용하지 않고 무용수가 춤추는 것, 그것만으로 작품을 채우는 교묘한 수완가이다. 클래식 음악에서 minimal 음악 武滿微 등의 일본인 작곡가에 의한 곡까지 다양한 음악에 자극되어 다양한 작품을 만들어냈다.

일본 공연에서도 상연된 적이 있는 Bach의 [오브 마이 소읽, 모차르트의 〈콘체르토 K·622〉와 같은 작품에서는 무용을 통해 음악의 미묘한 느낌이 전달되어 감명 깊게 보았다.

가슈윈 곡 [rhapsody in blue](1988)는 뉴욕 시티 발레에서의 첫 작품이다. 피터 마틴스가 중심이 되어 기획한 American music festival 위탁 작품의 하나. NYCB 출신자에 다가하여, 외부 안무가가 신작을 제공하였지만, 발레단 관계자의 작품에 미완성인 것이 두드러진데 대해, Lub(witch이하 부외자(部外者)의 작품이 보통이상의 성과였던 것이 당연한 결과이기도 하고, 또한 야유이기도 하였다.

자신의 무용단에서의 활동과 평행하게 American ballet theater, dennurk royal ballet, 20세기 발레단, 네덜란드 댄스 씨어터 등에 작품을 제공하여 왔다. Broadway music이 into the with와 ice skatir.g판 [잠자는 숲속의 미녀] 등의 안무도 손수 다루고 있다.

11. 캐롤 아미티지(Karole Armitage)

캐롤 아미티지(Karole Armitage)는 1954년 3월 3일, 미국 위스컨신 주 매디슨에서 출생. 그녀는 10대 때 가족과 함께 유럽으로 이주하여, 72년부터 2년 정도 쥬네브 발레단에 재직했다.

이 컴퍼니(company)에서 아미티지는 조지 발란신의 몇 작품을 춤추었다.

1976년이 되자 그녀는 미국으로 돌아가, 머스 커닝햄 댄스 컴퍼니(dance company)의 멤버가 되었다. 커닝햄은 그 후 5년 동안에 그녀를 위해 주요한 역을 안무하였다.

발란신과 커닝 햄은 캐롤 아미티지 무용의 좋은 지도자이다. 그녀는 이 두 사람의 무용 거장이 창조해 온 미학을 계승하면서, 그녀 자신의 방법에 의하여 전개하려고 시도하고 있다.

실제 캐롤 아미티지 발레에는 뉴욕 시티 발레단(NYCB) 출신의 무용수가 많고, 매일의 클래스는 발란신 스타일로 교사가 행하고 있다. 아미티지는 커닝햄 아래에서 안무 작품을 발표하기 시작하였다. [drastic classicisam](1981)은 그 대표적 작품이다.

록 뮤직(Rock music)을 사용한 이 작품은 클래식 무용에 대한 그녀의 도전적 statement이고 동시에 현대적 세계에의 재창조이기도 했다.

나에게 있어서 스모키 로빈슨 & 미라클스의 무용은 발란신 안무와 동등한 가치를 가진 멋진 classical이지만 한편으론 Rock이라고 불리고 또 한편에서는 고전작품이라고 불리고 있다. [나는 무용의 〈보이는 방법〉을 바꾸고 싶었다. 마치 전류를 통한 것 같이 예를 들면, Hute 음악으로 춤출 때와 전자 기타로 춤출 때는 자연히 다르겠지요. 다른 스타일, 다른 이미지로 춤추고 싶으며] 이것은 그녀가 87년에 처음 방일하였을 때에 [dance magazine]의 인터뷰에 대답한 발언이다.

1985년, 아미티지는 루돌프 누레예프가 인솔하는 파리 오페라좌에 초빙되고, [터니슈트 angel](의상 크리스찬 라크로와)를 만들었다.

그때에는 punk 발레의 귀공자라고 일컬어지는 michael clark가 무용수로서 참가하고 있다.

86년에는 미하일 바리시니코프가 감독이던 어메리칸 발레 씨어터에 [the Molino room]를 안무하였다. 이 해부터 그녀의 컴퍼니는 캐롤 아미티지 발레라고 칭했다.

아미티지(Armitage)는 발레의 결정된 음악과 의상, 미술에 공공연하게 반기를 들고 대결한다. 포인테에 대하여 높은 구두를 애용한다. 펑크록(punk Rock)의 대표선수 sex pistols의 음악을 사용한 그녀의 작품은 펑크 발레(punk Ballet)라고 하는 새로운 명칭을 낳았다. 그리고 전 세계에서 찬성 여부의 양론을 일으키고 있다. 또한, 뉴욕의 new painting 화가, Davide 사례와 공동 작업도 혁신적인 무대 예술의 새로운 방향을 제시한 것으로서 주목을 모으고 있다.

앞으로 아미티지(Armitage)의 작품은 같은 미국 안무가, 트와일라 더프 등의 무대와 그 성과를 경쟁하게 될 것이다. 영국의 미쉘 클락(Michale Clark)이나 아슈레이 페이지는 분명히 아미티지의 창작에 영향을 받은 안무가들이라고 볼 수 있다.

12. 몰리사 펜리(Molissa Fenley)

미국의 안무가, 무용가. 1954년 11월 15일, 라스베가스에서 출생. 그녀는 세대적으로는 캐롤 아미타지, 팀 백레이, Daniel Larrrieu, Murk morris들과 거의 동세대에 해당된다. 펜리의 무용에서 볼 수 있는 패턴과 반복은 롤러 던이나 루씬다 차일즈의 무용을 상기하게 한다. 무용의 minimalism의 흐름에 있다고도 할 수 있지만, 그녀의 무용은 보다 관능적이다. 팔을 사용하고, 허리를 회전시키면서, 쑥 내민다.

그리고 쉬는 일 없는 빠른 스피드로 춤춘다. 펜리는 아프리카의 나이지리아에서 자랐다. 그리고 스페인에서 2년간을 보냈다. 1971년에는 미국에 돌아와 캘리포니아의 밀즈 대학에서 무용을 배웠다. 1976년, 뉴욕으로 이주하고 1년 후에 안무를 시작한다. 그녀의 맨하탄 데뷰는 머스 커닝햄 스튜디오에서의 〈혹성〉(1978)이었다. 펜리 무용의 에너지는 육체적인 훈련에 근거하고 있었다.

매일 5마일의 러닝과, 수영, 웨이트 트레이닝을 했다. 전통적인 클래식 무용이 아닌 것은 말할 것도 없다. 안무는 반향하는 음악의 비트(beat)와 연결된다. 그녀는 도약하고, 트위스트하고, 스테이지를 날고, 흐르고, 동요시키는 호와 원을 무대 위에서 만들어 간다.

그밖에 주요 작품으로서는, 〈흥분제〉(1980), 한 시간의 솔로 무용 〈유리이카(1982)〉, 그리고 컴퍼니에 의한 작품 〈반구(1983)〉가 있다. [반구는, jazz 피아니스트인 안토니 디비스의 음악. 그런 작품 모두는 그녀의 안무의 멈추지 않는 정열적인 운동을 강조하고 있다.

1986년 펜리는 오하이오 발레 때문에 야성적인 것을 만들었다.

그리고 아태레이드 페스티발에서 큰 소용돌이로의 하강을 오스트레일리아 댄스 씨어터에서 안무했다. 그리고 그녀의 앙상블(ensemble)이 해산된 뒤, 그녀는 솔로 무용으로 돌아간다. 1988년 이후, 펜리의 안무는 변화되어간다. 의미성이 강해져서, 이제까지의 작품과는 전혀 다른 것이 되었다.

어두운 도시 〈state of darkness〉(1988)는 조프리 발레의 1978년 [봄의 제전]에 자극받아 만들어졌다. 펜리는 스트라빈스키의 위대한 악보로 그녀 작품에서의 새로운 방향을 찾아내어 솔로 무용에 사용했다. 이 무용은 육체적으로는 아직 격심한 무용이기는 하지만, 나름대로 그녀의 무용은 다양한 음영이 부여되어, 초기의 작품에서 볼 수 있던 압도적인 템포의 운동은 모습을 감추었다.

[인 레코그니션](1988), 음악 : 필립 글래스

[프러브넌스 안논](1989), 음악 : 필립 글래스

[플로어(floor) 무용](1989), 음악: 핸리크 미보와이 고레츠키

[발드](1990), 음악 : 佑購廳明 [inner enchantments] (1991, 음악 : 필립 글래스 [Hoor 무용]은 1989년의 알래스카 근해의 오일 유출 사고에 의한 환경 파괴의 회한을 테마로 하여 만들어졌다. [바르드]는 에이즈로 죽은 호세 친구 키스 헤링그를 위해 만들었다. 이 작품들은 1991년 동경에서도 공연되었다.

13. 마크 모리스(Mark Morris)

1956년 8월 29일, Washington주 시애틀에서 출생.

미국 현대 무용계의 젊은 안무가 중에서 가장 기대되는 한사람 모던(modern), 발레(ballet), 재즈(jazz), 포크 댄스라는 다양한 장르에서의 움직임을 사용하는 절충적인 수법으로 알려진다.

[스타바트 마테르(1986)] 등의 종교적인 내용에서, [New love song waltz](1988) 등의 연애, 로란 바르트에게 inspire된 [미솔로 지]와 같은 strip과 프로레스를 테마로 한 유머러스한 것까지 광범위하게 다루었다.

사용하는 음악도 바하나 헨델, 브람스 등의 클래식에서 컨트리 & 웨스턴 곡까지 가지각색 그의 안무에서 볼 수 있는 음악성은 높고, 조지 발란신의 후계자라고도 불리워질 정도이다.

예술이라고 하는 것을 오픈하고, 예술의 감성을 중요시 하는 그는 현대 미국의 도시적인 것을 대표하는 측면이 있다. 매력적인 외관과 퍼스널리티도 곁들여서, 미국 무용 비평가에게도 팬이 많고, 〈바니티 fare〉에 사진과 함께 게재되는 등, 그는 무용계의 스타적 존재이다.

뮤지컬 영화와 호세 그레코의 스페인 무용을 보고 무용에 흥미를 가지기 시작하였다. 9세 때 마테오와 라 아르헨티나에서 마라 훼버로부터 훌라멩고를, 페리 브란슨에게서 발레를 배우기 시작했다.

13세 때는 코레타 Balkan ensemble이라고 하는 세미 프로페셔널한 무용단에서 불가리아와 유고슬라비아의 춤을 춘다. 17세 때, 훌라멩고 무용수를 목표로 스페인에 건너가 1년 체재 그러나 결국 훌라멩고 무용수가 되지 않고 1976년에 뉴욕으로 옮겨 매기 블랙, 마죠리

무스만, 죠스린 로렌츠의 레슨을 받는다. 두드러진 재능을 나타나고, 엘리엇 페르도 발레, Lar Lubovitch 무용단, 하나 칸 무용단, 롤러딘 danceres and musition에서 차례차례로 춤춘다.

1980년에 Mark Morris dance group을 결성하고, 매스 커닝햄 스튜디오에서 최초의 콘서트를 연다. 1981년부터 1983년까지 3년 연속으로 그리고 1985년에 뉴욕 down town의 dance scene의 중심, dance theater work shop에서 공연. 84년, 86년, 90년 부룩클린 뮤직 아카데미의 next wave festival에 출연한다.

자신의 컴퍼니 이외의 활동도 활발해서 1986년에는 죠프리 발레를 위해 〈에스티므드 게이트〉를 창작, 1987년에는 죤 아담스의 오페라 〈닉슨 in china〉의 안무를 담당 또한 1988년에는 American ballet theater를 위해 미하일 바리시니코프를 주역으로 한 〈drink to me only with your thin eyes (너의 눈동자에 건배를)〉을 안무했다.

1988년 가을에는 모리스 베자르의 후임으로서 벨기에 브뤼셀의 벨기에 왕립 모네극장에 추대되고, 그의 무용단은 모네 dance group/mark Morris라고 명명되었다. 거기에서의 초연작이 〈알레그로 펜세로조와 모데라토〉. 그 지방 사람들이나 프레스 중에는 베자르를 연모한 나머지 모리스에게 비판적인 소리도 있었다. 90년 가을에는 바리시니코프가 주재하는 white project company의 안무를 해서 호평을 받았다.

14. 수전 마샬(Susan Marshall)

미국의 무용가 안무가. 수전 마샬과 컴퍼니의 주재자. 프랑스의 누벨 무용으 기세로 눌리기 쉬운 America modem dance계의 신진 기예의 기수라고 할 수 있는 본격파 안무가로 1989년, 스파이럴 홀의 초대로 처음 방일 공연을 하였다.

마샬의 무용은 머스 커닝 햄 이래, 순수한 움직임의 추구를 지향하는 미국의 현대 무용의 흐름을 넘어서, 움직임의 미학에 추가하여 현대 인간 감정의 표현을 중시하려고 한다. [나는 언제나 무용을 무용의 말이 아니라 인간의 말로 해석해 왔습니다]라고 마샬이 이야기하는데, 확실히 그녀의 움직임은 소위 무용적인 것이 아니라, 리얼한 일상이 음직임이 기본이 되고 있다. 그러나 어디까지나 흔한 정경묘사가 아니라 세련된 무용 리듬을 가지고 지적으로 구성된 안무는 일종의 깨어난 무드로 사랑, 우정, 독립, 이별, 의존이라는 현대의 인간관계를 날카롭게 추구해 간다. 언뜻 보기에, 피너 바우쉬를 생각하게 하지만, 움직임은 보다 자연스럽고 무용적이다.

마샬의 무용에는 루이 nest의 음악에 의한 것. 듀엣 형식의 것, 그리고 특히 팔의 움직임을 중시한 안무가 두드러진다. 〈arms〉는 나란히 선 두 사람의 무용수가 팔을 얽히게 하거나 떨어뜨리면서 갈등이나 화해나 사랑을 표현하고 팔에 의한 〈빠 드 되〉를 춤추는 작품이다. 〈word〉도 팔에 의한 감정 표현이 중요하다, 한편, [키스(kiss)]는 2인의 남녀가 천정에서 로프에 매달려서 다양한 사랑의 모습을 춤추는 듀엣으로 〈자유롭다고 하는 것을 신체를 뜨게 함으로써 표현할 수 있다면…. 〉라고 마샬은 말한다.

이 움직임은 인간에게는 계산할 수 없는 말하자면 신의 손에 맡겨진 움직임이라고도 할 수 있다. 어쨌든 마샬의 무용은 이해하기 쉬운 움직임으로 시각적인 이미지를 중시하면서도 드라마틱한 조립을 잊지 않는 본격파의 무용으로 앞으로의 세계적인 활약이 기대된다.

수전 마샬 & company를 결성. 87년, Los Angeles festival에 출연, 1988년에는 BAM(브룩클린 Academy of music)의 선두적인 무대 예술제로서 알려진 next wave festival에 초대되었다. 이외에도 각지의 페스티발에서 활약했다. 주요 작품으로서는 남녀 페어, 때로는 모녀의 보호자, 피보호자의 이별을 그린 〈word(1983)〉, [arms (1984)], 〈kiss(1987)〉, 사교댄스의 parody로 dance hall은 인생의 축도라고 보는 익살로 지적인 〈아리나(1986)〉, sneakers Jeans T shirt차림의 10대 젊은이들의 사랑춤 [opening gambi=(1985)], living room 소파나 깔개 위에서 춤추는 인간관계의 다양한 보스톤 발레단을 위해 안무한 [overture(1987)], 양친, 형제, 두 사람의 여성, 한 사람의 남성에 의한 장시간의 역작으로 next wave festival에 발표한 〈7인의 인물이 있는 실내〉(1988) 등이 있다.

15. 다니엘 에즈랄로우(Daniel Ezralow)

1956년생. 미국의 캘리포니아 대학 바크레이교 재학 중에 무용을 시작하였다. 동 대학의 dance company, 베이 에리어 무용단에서 춤추고, David Wood의 훈도를 받았다. Wood는 원래 그레이엄 무용단의 단원으로, 〈크류타이메스트라(1958)〉의 초연에 출연했었다. 1976년 뉴욕으로 옮겨 Lar Lubovitch 발레단 등에서 있었다. 1979년, 폴 테일러 무용단에 입단, 이듬해의 일본 공연에는 단원으로서 참가했다. 당시의 프로그램에 의하면 〈3개의 비문(碑文)〉, 〈봄의 제전〉, 〈클로븐 kingdom〉 등에 출연하였다.

MOM1X을 거쳐, MOM1X의 단원과 함께 1985년에 ISO을 결성하였다. 동년 12월의 동경 공연시 단원은 에즈랄로우 외에 모레이 스타인버그, 제레미 햄프톤, 아슈레이 로랜드 4명. 서로 발목을 연결해주는 〈사이코 킬러〉, 손발을 고무로 묶고 추는 〈라바 다비〉 등. 무용수의 움직임을 제한하면서 의외성이 있는 효과가 웃음을 불러낸다. 그 중에는 마루에 고정된 스키화를 신은 dance parachute와 같은 의상을 입은 무용수까지 있었다. 또한 무용수가 스크린의 뒷면에서 춤추어 그림자를 그리는 〈헬타 스테타〉, 와그너의 웅장한 음악에 맞추어 Magic tape제 의상을 입은 무용수가 벌떡 일어나 Magic tape의 미묘한 포즈로 달라붙는 〈캡틴 테나시티〉, 큰 천으로 휘감은 무용수의 머리가 쑥쑥 자라 괴물과 같이 되기도 하고 (실은 무용수가 인형 머리를 손에 건 것) 다양한 장치로 즐겁게 하는 레퍼토리를 가지고 있었다.

발란신과 커닝햄 작품에 보이는, 순수하게 무용을 추구하는 자세에서 보면, ISO의 작품은 정도(正道)가 아닐지도 모른다. 그러나 어깨가 결리지 않는 오락성과 죄가 없는 유머는 오히려 순수 무용보다도 만인에게 받아들여지기 쉬운 것은 아닐까.

전의 동경 공연 프로그램에서는 각 작품의 작자는 명기되어 있지 않았다. 에즈랄로우가 dance magazine의 intewiew(1988년 · 제 19호)에 시사한 것같이, 4인의 무용수가 공동으로 작품을 완성시켜 가는 style을 채용하고 있는 것이라고 이해할 수 있다.

이 일종 코뮨과 같은 방법은 ISO의 모체 MOMIX. 또한 그 모체 피로보라스에도 공통적이다.

피로보라스는 1971년에 미국 바몬트에서 발족한 회사로 당시의 멤버는 모제스 핸돌튼, 조나단 워켄, 리 하리스, 로비 바네트 등, 그룹에서 즉흥적으로 안무한 것을 작품의 핵으로 하고 있다. 또한 변형, 환각을 트레이드마크로 하고 있듯이, 몇 명의 무용수가 짜 맞추어, 불가사의한 생물과 같이 보여주는 수법도 특기였다. 1980년에 핸돌튼, 아리손 체스 등, 피로보라스에서 분파된 무용수들이 MOMIX을 결성하였다.

안무가 에즈랄로우로서는 런던의 컨템포러리 댄스 씨어터, 이스라엘의 바츠셰바 dance company, Paris opera ballet, American ballet theater, 베를린 가극장(歌劇場) 발레 등에서 작품 창작을 했다.

무용계 밖에서의 활동도 활발해 U2와 John 포가티 등의 뮤직비디오, 데이빗 보위의 world tour용 쇼의 안무를 손수 다루었다.

16. 데이빗 파슨스(David Parsons)

미국의 안무가, 무용수. 파슨스를 칭찬하는 비평가가 많아 주목을 받고 있다. 1990년에 동경에서 가진 제1회 인터내셔널 에트월 가라에 참가해, 인기를 모았다. 그때 나이가 30세라고 하는 기록이 있기 때문에 출생은 1959년이나 1960년이 되는 것이므로 Michael Clark(62년생), Anne Teresa de keersmaeker(60년생). Daniel Larrieu(57년생)들과 동세대가 된다.

다니엘 에즈랄로우와 함께 테일러 아래에 있었던 무용수 중에서도 가장 젊은 무용수의 한사람이다.

파슨스의 무용철학은 무용이 시대의 거울이 되어야 한다는 것이다.

예를 들면, 근래에 만들어진 〈에리지안 field〉의 발상은, 람보가 만든 영화를 보는 관객의 모습에서 얻을 수 있었던 것으로 파슨스는 처음에는 스포츠에 흥미를 가졌지만, 스포츠로는 감정과 드라마를 커뮤니케이션할 수 없는 것도 무용으로 나아간 이유인 것 같다.

파슨스의 무용은 움직임에 의한 커뮤니케이션을 즐기면서 전개되어 간다. 그러나 파슨스는 움직임이 하나의 패턴이 되어 가는 것을 피한다. 그 의미에서는 같은 미국이라도 루씬다 차일즈와 로라 딘들의 반복을 특징으로 하는 무용과는 대조를 이루고 있다고 할 수 있다. 파슨스는 〈기본적인 어휘를 하나 획득하는 것으로 사람은 움직이기 시작한다. 그것은 무용수를 이해하는데 중요한 것이다〉라고 한다.

파슨스는 비로소 앨빈 에일리 댄스 씨어터의 장학금을 받고 캔자스 시티에서 뉴욕으로 간다. 1978년에 폴 테일러 댄스 컴퍼니에 입단, 여기에서는 음악에 대해서도 배웠다. 이 사이 솔로 댄스 〈아텐 코트〉

를 비롯, last·look, 〈에어즈〉, 〈머큐리 다이딩〉, 〈장미〉 등 폴 테일러의 작품을 춤춘다. 파슨스는 테일러로부터 배우면서 컴퍼니에서 〈엠베로프〉, 〈브라더스〉 등의 안무를 한다. 그리고 자기 스타일의 무용을 만들기 위하여, 1986년에 테일러를 떠나, 데이비드 파슨스 댄스 컴퍼니(David parsons dance company)를 설립하여 현재에 이르고 있다.

파슨스(parsons)의 작품은, 그의 컴퍼니(company)뿐만 아니라, 이미 파리 오페라좌 발레와 American 발레 씨어터에서 당시의 예술감독인 루돌프 누레에프와 미하일 바리시니코프들이 파슨스(parsons)의 작품을 예로 들고 있었다. 또한, 파슨스는 무용의 공연과 동시에, 워크샵(work shop)을 행하는 것에서 자극받는 것의 중요성을 설명하고 있다.

인터내셔널 에트윌 가라에서 [브라더스]를, 컴퍼니 스콧 윌링컴과 듀엣을 춤추고, 템포가 빠른 무용을 공표하였다, [코트]는 어두운 스테이지의 안, 갑자기 파슨스가 도약하고 있는 모습이 떠오른다고 하는 것, 모두 파슨스의 안무이다.

발란신의 [에피소드]와 유사한 피너 마틴스 안무의 [BARBER Violin 협주곡](1988)에서는 뉴욕 시티 발레의 무용수, 메릴 아슈레이와 아담 루더스들과 춤추었다.

17. 빌 T. 존스/아니 제인(Bill T. Jones/Arnie Zane)

Bill T. Jones와 Arnie Zane(1948～88)이 공동으로 안무를 시작한 것은 1971년, 두 사람이 뉴욕 주립대학의 반감교의 학생이었을 때로 거슬러 올라간다. 존스의 전공은 체육과 연극 또한 발레와 현대무용을 배웠다.

미술사 전공으로 사진사 지망이던 제인이 존스의 무용 콘서트용으로 슬라이드를 만든 것이, 두 사람의 공동 작업의 제1호. 이어서 Jones의 dance에, dancer로서는 아주 아마츄어였던 제인이 뛰어들어 출연하고, 제인은 1973년 이래, 무용수를 자칭하고 있다고 한다.

1970년대 전반이라는 것은 그랜드 유니온이 결성되기도 하고, 소위 post modernist dancer들이 대두된 시기로, 기성 무용의 테크닉을 절대시하지 않는 사고방식이 생겨난 시대이기도 하다.

1973년에 두 사람은 빈감톤에서, 로이스 웰크와 함께 American dance 아사일람을 결성, 리더 부재의 집단으로, 실험적인 무용창작에 몰두한다.

나중에 뉴욕으로 옮겨 거처하고, 1982년, 존스와 제인의 명으로 무용단을 결성, 보다 큰 작품을 손수 다루게 되었다.

무용단 이름이 시사하듯이, 안무는 둘의 합작이 많다(개별의 안무작도 있다). dance magazine 11호에서 존스가 말하고 했듯이 전통적인 무용의 테크닉으로 성장하고 있는 것은 존스의 쪽이지만, 제인은 비쥬얼한 어프로치에서 형태를 완성시키는 것을 특징으로 하고 있다.

1986년에 American dance festival 동경에 초빙되어 처음 방일

했을 때, company가 신작을 안무하는 모습을 견학할 기회가 있었지만, 존스가 무용수에게 안무한 phrase로, 객석에서 보고 있던 Zane이 의견을 서술하고, 또한 반대로 제인이 고려한 프레이즈를 존스가 발전시키는 등, 문자 그대로 공동 작업을 하고 있었다.

동경에서 공연한 것은 [secret pasture(신비의 목장)]으로 1974년에 브룩클린 Academy of Music의 Next ware festival에 위탁된 것. 이야기의 내용은 고고학 교수(Zane)이 인조 인간(Jones)을 찾아 낙도를 방황한다고 하는 것. 구불구불 잘 움직이는 존스가 인상에 남아 있다.

제인이 에이즈 때문에 고인이 된 현재도, 두 사람의 이름으로 회사는 활동 중이다. 1989년의 뉴욕 공연에서는 존스는 한번에 4개의 신작을 발표하였다. 그 하나인 [Dnun in the wate]는 9인의 무용수가 기세 좋게 도약하기도 하고 바닥을 미끄러지기도 하고 ballet, modern dance, jazz 그 외의 것을 절충시킨 테크닉으로 격심한 에너지를 발산시킨다.

무용수의 체형은 다양하고, 뚱뚱하고, 마르고, 높고, 낮고, 일반적인 무용수 체형이 아닌 사람을 포함한 익센트릭한 개성파 집단이었다.

대표적인 전막 물에는 앞에서 말한 〈secret pastures〉(1984)와 [애니멀 토리로지] (1986) 등, 또한 앨빈 에일리 무용단을 위해 〈휘버스 완프〉(1983) 〈How to work and elephant〉(1985)를 안무하였다.

18. 로버트 윌슨(Robert Wilson)

미국의 연출가. 윌슨은 자신의 작품을 오페라라고 부르고 있다. 역시 메레디스 멍크도 같이 오페라(opera)라고 부르고 있지만, 두 사람 모두 무대 예술이라고 밖에 할 수 없는 작품을 만들고 있다. 그러나 윌슨의 작품은, 바그너와 같은 명쾌한 이야기는 없다. 음악, 회화, 연극, 무용, 조명 등의 독특한 혼합이다. 작품은 환상적이고 신비적인 아름다움으로 넘치고 있다.

윌슨의 작품에서는 화가로서의 감각이 반영되어 있다. 조명, 무대 장면, 선체에 의한 3차원의 회화라고 할 수 있다.

윌슨은 조명이 배우와 마찬가지로 중요하다고 서술하고 있다. 무대 안에서 사용된 소도구도 포함시켜서, 윌슨에 의한 드로잉이나 조각은 큰 미술관의 컬렉션으로 되어 있을 정도이다. 또한 작품에는 윌슨의 언어 장해였던 경험과의 연속을 볼 수가 있다. 델살토 이래의 동작과 감정의 연구를 관련짓는다. 몇 작품은 12시 간 이상 계속된다. 그리고 무대 장면은 매우 느린 페이스로 변하여 간다.

등장인물과 의자는 공중을 부유한다. 작품에 따라서는 앉는 곳이 극단적으로 낮은 의자와 반대로 높은 의자가 나온다. 공룡이 나온다. 우주선이 나온다. 그 스펙타클 성으로 멍크, 마리 뷔그맨, 피너 바우쉬들과 비교된다.

윌슨은 1941년 10월 4일, 텍사스 주 웨코에서 출생. 젊었을 때 언어장해로 좌절했으나, 17세 때, 발레 교사 무용수인 버드 호프만과 우연히 만나서 극복한다. 1959년, 텍사스 대학에 입학. 회화와 건축학을 배우는 한편, 호프만에게 동작의 중요성을 배운 윌슨은 특수 학급의 프로그램을 인수했다. 윌슨의 아이들은 편한 동작으로 신체를 움직이게 하는 창조력을 이끌어내고 있었다.

1962년, 파리에서 죠지 마크니루에게 그림을 배운다. 1965년, 뉴욕의 프랫트 대학에서 건축과 디자인의 학위를 취득하였다. 1966년, 건축가 파올로 솔레리에게 배운다. 윌슨은 버드 호프만의 이름을 딴 버드 호프만 재단과 버드 호프만 스쿨 오브 벌스(school of birth)를 만들었다. 1966년부터 그 학교에서 워크샵(work shop)을 개시하여 이 윈워크샵(work shop)에 참가한 사람들과 초기의 작품을 만들어간다.

주요 작품은 다음과 같다.

〈스페인 황제〉(1969), 〈지크문트 프로이드의 생애와 시대〉(1969), 〈귀머리의 시선〉(1970), 〈요제프 스탈린의 생애와 시대〉(1972), 〈빅토리아 여왕에게의 편지(1974), 〈해변의 아인슈타인〉(1976), 루씬다 차일즈와의 공동작품인 〈내가 파티오에 앉아 있으면 이 남자가 나타나나는 환각을 보고 있는 것이 아닌가하고 생각했다〉(1977), 〈황금의 창〉(1982), 〈멋진 아침의 하루〉(1983), 〈백조의 노래〉(1990), 윌슨이 오페라라고 부른 〈해변의 아인슈타인〉에서는 음악을 필립 글래스가 담당하고 루씬다 차일즈가 나온다.

이 작품에서는 가수는 오케스트라 피트 안에 있다. 상연시간은 5시간. 오디션에서 선택된 26인이 1년에 걸쳐서 만들었다.

〈요제프 스탈린의 생애와 시대〉는 12시간을 넘는 퍼포먼스, 또한 대작 〈더 시빌 워즈〉가 1984년 로스엔젤리스 올림픽 때 14시간에 걸쳐 공연될 예정이었지만, 자금 부족 때문에 실현하지 못했다. 1986년, 〈성세바스챤의 순교〉를 파리 오페라좌에서 안무했다.

19. 존 케이지(John cage)

미국의 작곡가. 머스 커닝햄과 많은 작품을 만든 케이지는 무용에 맞춰서 음악을 작곡하는 것이 아니라, 무용과 독립시켜서 음악을 작곡했다. 이 스타일은 그 후의 퍼포먼스의 스타일에 앞장서는 것이었다. 케이지에 의해서 작곡된 음악과 커닝햄의 무용은 때때로 동일 공간과 시간 속에서 우연히 만나는 것이다.

또한 케이지는 특정한 안무와 함께 음악을 계속 만든다고 하는 점에서는 발란신에게 음악을 계속 제공한 스트라빈스키를 상기시키고, 〈음악의 미래〉라고 하는 선언 중에서 〈소음은 매력적이다〉라고 한 점에서는 〈발라드〉로 사이렌 소리를 사용한 에릭 사띠를 상기시킨다.

케이지의 〈우연성〉을 도입한 음악은 커닝햄의 스텝과 움직임의 조합을 경화로 정한다고 한 안무와 겹쳐지는 것이다.

케이지는 1912년 9월 15일, 로스앤젤레스(Los Angeles)에서 태어났다. 뉴욕에서 작곡가토 헨리 코웰에게 배운 뒤, 1934년 코웰의 권유로 이번에는 아놀드 쉔베르크를 만나러 캘리포니아에 가서 학생이 된다. 이 해, 케이지는 로스앤젤레스(Los Angeles) 대학에서 수중 발레단을 위해 〈gon〉을 개발했는데. 수중에서도 소리를 들을 수 있는 악기였다. 또한 37년, 케이지는 시애틀로 이주하여, 무용을 가르치던 보니 버드의 작곡자와 반주자가 된다. 이때에 커닝햄이 학생이었다.

커닝햄을 위한 최초의 작품 〈크레이드 인 어스〉(1942)를 작곡했다.

커닝햄과의 활동이 본격화되어 간다. 공(gon)은 세 사람의 타악기 연주자와 한 사람이 라디오 또는 레코드를 악기로서 연주하는 것이었다. 1945년부터 2년간, 콜롬비아 대학에서 鈴木大拙의 강의를 듣는다.

1944년, 뉴욕에서 커닝햄과의 협력 관계가 시작되어 〈트리플 페이스트〉, 〈4개의 벽〉, 〈자연스러운 대지〉 등 여섯 개의 커닝햄의 solo dance 작품이 만들어지고, 케이지는 각각 작곡을 했다. 〈4개의 벽〉은 백건(白鍵)의 작품이었다.

〈사계〉(1947)는 뉴욕 시티 발레의 전신인 발레 소시에티의 위촉으로 커닝햄과 만들어진 작품의 음악. 1948년 블록 마운틴 칼리지에서의 summer school에서 케이지와 커닝햄, 테그닝, 백민스터 프라 등이 참가해 에릭 사티의 〈메두사의 덫〉을 재구성해 상연. 1951년, 〈역경〉의 운세를 점치는 방법을 도입한 〈변화의 음악〉을 작곡. 1952년, 〈4분 33초〉를 만든다. 연주자는 데비드 튜더. 연주자의 4분 33초의 침묵으로 이루어져 있다. 그 사이의 관객의 소리나 외부소리가 음악이라고 했다.

1952년 블록 마운틴 칼리지에서 〈해프닝(happening)〉이라고 불리는 연주를 한다. 관객석은 네 개의 삼각형으로 나누어지고 커닝햄은 통로에서 춤추었다. 이해 이후, 머스 커닝햄 댄스 컴퍼니(dance company)의 음악 담당으로서 순회 연주한다.

1953년의 마스 커닝햄 무용단 결성이래, 음악감독으로 근무하였다. 현재는, 음악조언 이외의 주요한 작품은 〈솔로이스트와 3인을 위한 16의 춤〉(1951), 〈바리에션즈V〉(1965), 〈바리에션즈 III〉(1966) 등이 있는데 케이지가 작곡하고, 커닝햄이 안무한 작품은 지금까지 50가지나 되어, 그 수의 많음도 특필할 만하다.

20. 앤더슨 로리(huhe /Anderson)

미국의 퍼포머, 작곡가, 테크노놀러지를 적극적으로 작품에 도입하는 의미에서는 앤더슨은 루이 풀러와 같다고 있다고 할 수 있을 것이다. media mix의 작품을 만든 점에서는 앨빈 니콜레이스, 메레디스 멍크, 로버트 윌슨들과 같다. 또한, 언어에 대한 실험적인 시드는 다다이즘으 퍼포먼스를 연상시킨다.

앤더슨은 1947년에 시카고 근교에서 출생. 어려서 바이올린을 배웠다. 버나드 대학과 콜롬비아 대학에서 미술사와 조각을 배웠다. 1970년 조각을 모은 최초의 개인전을 연다. 1972년에 미술 작품 〈무드라 시리즈〉를 발표. 파르프에서 손바닥들을 표현한 작품을 만들었다. 무드라라는 것은 인도 무용과 밀교에서의 손동작의 표현.

최초의 퍼포먼스 〈오토 모티브〉(1972)에서 청중은 무대 위에 올랐다.

앤더슨이 국제적으로 알려지게 된 것은, 1970년대 후반부터이다.

그녀가 사용한 〈비오포노 그래프〉라고 하는 악기는 호이트니 미술관에서 발표되었던 〈포오 인스턴츠〉(1976)에 처음 등장한다.

바이올린 위에 레코드 플레이어(player)를 탑재한 것. 앤더슨은 이때 소리를 하모나이저를 사용해 변질시켰다. 그리고 퍼포먼스를 전개시키면서 제작의 의미를 스스로 설명했다. 이 설명도 또한 퍼포먼스인지 어떤지?

앤더슨은 이런 퍼포먼스와 현실과의 경계를 애매하게 하고 있다. 바닥에는 오디오 테이프. 도어(door)가 개폐될 때마다, 말이 두 번 들리게 된다고 하는 것이었다. 말에 관한 실험을 수반한 퍼포먼스였다.

카네기 홀에서 〈American on the movie〉(1979)에서, 공연스페이

스는 극장으로 변한다. 이 작품은 뒤에 대작 〈United State〉(1983)에 집약된다. 뉴욕의 브룩클린 academy of music(BAM)에서 6시간에 걸쳐 공연되었다. electronik cabaret 또는 electronik opera라고 불려진다. 여기에서 앤더슨은 High art와 Low art의 대립을 해소하였다고 할 수 있다. 83년에는 토리샤 브라운의 〈set and reset〉의 음악을 담당하였다. [Mister 하트브레이크]로는 0과 1의 숫자가 늘어선 영상을 배경으로 앤더슨이 여성의 소리에서 남성의 소리로 바꾸는 voice Operator를 사용해 말하는, 퍼포먼스를 전개했다.

솔로 퍼포먼스 〈앰프티 프레이쓰〉(1989)에서는 큰 스크린과 이동식 스크린 3대, 끈에 Screen Tower라고 하는 6대의 스크린이 사용되었다. 앤더슨은 소리들 변질시키지 않고, 소프라노로 노래 불렀다.

Chapter 4

컨템포러리 댄스 Contemporary Dance

Contemporary(동시대)의 의미를 받아들이는 방법에 따라 제2차 대전 후부터 오늘날까지라고 하는 광의(廣義)와 Post modern 이후 즉, 프랑스의 누베르 댄스의 시기와 겹쳐지는 협의의 두 가지로 나누어진다.

광의로 말하면 프랑스에서는 전후의 롤랑 쁘띠 〈젊은이와 죽음〉이나 모리스 베자르 〈고독한 남자들 위한 심포니〉를 포함한 현대를 가리키는 것도 가능하다. 그러나 최근, 누베르 댄스와 컨템포러리 댄스가 동의(同義)로 다루어지는 일이 늘고 있기 때문에, 그 특징을 강하게 나타내는 프랑스의 노베르 댄스를 중심으로 서술하여 보자. 누베르 댄스는 최근 10년 이래 프랑스에 있어서 현저한 발전을 보인 가장 창조적인 예술 운동이다. 그것은 1960년대에 활기를 띤 연극을 계승한 것이었다. 오늘날 무용은 장년의 회화에 대한 뒤쳐짐을 회복하고, 또한 음악, 연극, 조형 예술에 대해서 다이나믹한 것으로서 선두적 역할을 다하고 있다.

프랑스에서는 누베르 댄스 컴퍼니(dance company)가 300개 정도 존재한다. 그 중 75개가 문화성으로 인정되고, 신작에 자금 원조를 받고 있는 이외에 공식적인 것 20개 정도가 각 지역의 중심에 있고, 국립 안무 센터의 호칭을 가지고 있다. 현재, 누베르 무용은 각지의 페스티발에서 인기를 독차지하고(전문 페스티발까지 등장하고 있다)파리 시립극장에서도 1개월 연속공연을 하기까지 되고 연간 상당한 수의 공연이 이루어진다.

이 신무용은 오페라좌 발레로 유명한 프랑스의 전통적인 클래식 발레와는 아무런 관계도 없다. 그러나 지금은 클래식 발레는 창조적인면에서 누베르 댄스 안무가에 의지하지 않을 수 없게 되었다. 시대의 변화와 혼란이라고 하는 현실과 직결된 표현을 구사한 누베르 무용은 유동적이고 독창적인 산 예술이기 때문이다. 게다가 이것은 클래식 코드와는 관계없는 반엘리트적이기 때문에 락 콘서트 비디오 만화 시대의 젊은이들의 흥미를 강하게 끌고 있다. 이러한 현상의 확대가 각자에게 의식되기 시작한 것은 1980년경이다. 이렇게 해서, 1968년 5월 혁명의 씨앗인 누베르 무용은 이때부터 사회적 기반을 획득하고, 정부의 원조 등에 의해 급속하게 성장하여 왔다.

본디 발레가 아닌 무용, 즉 미국의 현대무용이 그들의 본보기(기술)였기 때문에, 당시 프랑스에 온 무용가, 커닝햄, 칼슨, 니콜라이, 브라운 등의 영향은 물론이고, 일본의 춤과 英征, 조금 뒤의 일이지만 독일 표현주의의 피너 바우쉬의 영향을 강하게 받으면서 누베르 댄스 독자의 방법과 스타일이 추구된 것이다.

이러한 젊은 무용가, 안무가의 정열을 지탱한 것으로서 오페라좌 발레의 새로운 연구그룹 GRTOP(뒤에 GRCOP)와 바뇨레 안무 콩클의 존재는 잊을 수 없다. 특히 후자는 신인안무가의 등용문으로서 주목을 받고, 누베르 무용의 기수로서 현재 활약 중인 안무가 대부분은 여기에서 우수한 성적을 거두었었다. 여기에서 현재 활약 중인 안무가의 이름을 들기로 하겠는데, 그 중 몇 명은 독자적인 무용기법을 확립하고, 논리적으로 일관된 양식성이 있는 작품 창조가 가능하고, 그들은 이미 국제적 평가를 얻어서, 세계각지에서 공연활동을 하고 있다.

1. 피너 바우쉬(pina Bausch)

피너 바우쉬에 대해서는 처음에 어느 무용가의 개인적인 체험을 써 두는 편이 좋을 것이다.

1984년, 뉴욕의 브룩클린 아카데미 오브 뮤직(academy of music), 통칭(通稱) BAM(밤)에서, 나는 처음 피너 바우쉬의 무대를 접하였다.

〈봄의 제전〉(1975)이 다 끝나고서, 잠시 동안 자리에서 일어날 수 없었다. 도대체 무엇에 감동한 것인가 조차 알 수 없었다. 혼란 속에서, 스트라빈스키의 [봄의 제전]의 의미를 비로소 알았다고 생각하고 있었다. 그것을 확인하고 싶어 아파트에 돌아와 [봄의 제전] 테이프를 틀었다. 정경이 되살아났다. 무대 위에는 진짜 흙이 깔리고, 그 흙을 밟고, 남녀가 무리지어 춤을 춘다. 빨간 스카프가 희생의 표시이다.

성경을 음미하는 중에, 음악이 아닌 무용에 피너 바우쉬의 무용에 감동한 것이라는 것을 확실히 알 수 있었다.

동시에, 동일 무대에서 공연된 〈카페 뮬비(1978)〉의 정경도 또한 선명하게 되살아났다. 폐점 후의 초라해진 카페의 점내(店內)를 몽유병 여자가 뽀앵뜨로 춤춘다. 자의적으로 움직이는 여자가 넘어지지 않도록 한명의 남자가 테이블과 의자를 차례차례로 움직여간다. 또 하나, 더욱 강렬한 인상을 주는 정경이었다.

여자가 남자에게 몇 번이고 일방적으로 몸을 계속 내던지는 정경이다. 남자는 손을 내밀지도 않고 단지 서 있을 뿐인 것이다. 그러나 여자는 그 발밑에 쓰러져도 다시 일어나서는 몸을 내던지는 것이다.

마치 절망 그 자체를 보는 것 같다. 거부도 응함도 없다. 단지 애처로움만이 보는 이의 가슴을 찌른다. 몽유병의 여자에게는 의자를 계속 움직이는 남자의 기분은 전해지지 않는다. 또한 반대로, 몸을 계속 내던지는 여자의 기분은, 남자에게는 전해지지 않는 것이다. 이렇게 해서, 남자와 여자가 이해하는 것 등은 있을 수 없다고 하는 속삭임, 무대 위, 객석의 위를 나방과 같이 난비하는 것이다.

피너 바우쉬의 무대는 폭력적이라고 자주 이야기한다. 물론 신체적으로도 폭력적인 장면이 없을 리는 없다.

그렇지만, 그 이상으로 정신적으로 폭력적인 것이다. 정신분석에 유사하다. 그녀는 남의 눈을 외면하려고 하는 것을 노골적으로 드러낸다.

1984년, 피너 바우쉬는 뉴욕을 제패하였다. 많은 관객이 마치 악몽에 가위눌리듯이 피너 바우쉬에게 가위 눌린 것이다. 이듬해 1985년, 재차 뉴욕(New York)을 방문한 피너 바우쉬와 부파탈 무용단은 밤에서 1개월에 걸친 공연을 펼쳐 그 승리를 확실하게 하였다. 1979년의 파리, 파리 씨어터 드라 뷰에서의 무대에서 유럽의 주목을 받은 피너 바우쉬는 이 미국공연에서 전 세계의 주목을 받게된 것이다. 〈컨텍트 호퐈〉(1979), 〈아리 퀸〉(1979), 물에 잠긴 무대로 유명해졌다.

[일곱 가지의 대죄](1976), 기타, 나는 모든 공연을 보았지만, 감동이라고 하기보다는 대부분 근저(娘底)에서부터 동요되었다.

이제까지의 뉴욕(New York)을 지배하고 있던 것은 발란신에서 커닝햄에 이르는 추상적인 무용이었다. 신체의 움직임의 순수한 아름다움을 추구하는 무용 눈에 보이는 음악이라고도 할 수 있는 그 무대 에피너 바우쉬는 확실히 싫다라고 하는 문자를 내민 것이다. 끔직함까지 느끼게 하는 그 무대는 연기하는 것을 알몸으로 하고, 보는 것을 알몸으로 한다.

사람은 무대 위에서 단지 순수한 신체를 연기할 수는 없다라고, 피너 바우쉬는 말한다. 그 무대에서 연기되는 것은 추상적인 남자와 추상적인 여자의 이야기 등이 아니다. 구체적인 어떤 여자와 어떤 남자의 이야기이고, 그것은 우선 무엇보다도 춤추는 사람 자신인 것이고, 관객 자신인 것이다라고 발란신에서 커닝햄에 이르는 아메리칸 댄스(American dance)의 흐름의 특징은 추상적이라고 하는 것이지만, 그것은 동시에 비역사적이라고 하는 것이다. 이야기의 탈락은 역사의 탈락 밖에 되지 않는다. 추상적인 미의 왕국은 영원한 역사를 가지지 않는다.

미국 무용의 추상성은, 추상 표현주의로 대표되는 아메리칸 아트(American art)의 추상성에 대응한다. 역사를 도외시하는 것에 의해서, 미국은 예술에 있어서도 그 세계제패를 이룬 것이라고 해도 좋을 것이다. 피너 바우쉬는 그 미국풍의 예술에 부정을 나타낸 것이고, 베트남 전쟁 후의 미국은 그 부정을 받아들인 것이다. 프랑스와 벨지움을 중심으로 일어난 누베르 무용은 피너 바우쉬의 이 부정 자세의 영향을 크게 받고 있다고 해도 좋다.

현대무용에서 누베르 무용으로의 이행이라는 것은, 단지 말이 영어에서 프랑스어로 바뀐 것에 지나지 않지만, 그 변화의 배후에는 예술에 있어서, 미국적인 것의 몰락이었다고 해도 좋을 것이다. 추상적인 인간 등은 존재하지 않고 피에 젖은 구체적인 인간이 존재할 뿐이라는 것이다.

미국의 몰락뿐만이 아니다. 피너 바우쉬의 안무가 세계적으로 받아들여진 배경에는 소련의 몰락도 크게 관여하고 있다고 생각된다.

70년대부터 80년대에 걸쳐서, 무대 예술세계의 중심은 연극에서 무용으로 옮겨졌다, 이데올로기의 시대가 끝났기 때문이다. 이데올로기의 시대에 있어서는 언어야말로 무대의 알파이고 오메가였다. 그렇지만, 공산주의의 몰락에 의해서, 말로 세제를 구슬리는 시대는 끝났다. 퍼너 바우쉬는 자신의 무대를 댄스 씨어터(dance theater)라고 형용하지만, 바로 이와 같은 사태에 대응하고 있다고 해야 할 것이다.

피너 바우쉬는 1940년, 독일의 조린겐에서 출생. 1955년, 쿨트 요스가 지도하는 엣센의 파르크뱅크 예술 대학 무용과에 입학. 1960년, 스라십을 획득하여 뉴욕(New York)에 유학, 줄리어드 음악원의 무용과에서 수학하였다. 안토니 튜더, 호세 리몬들에게 사사한다.

폴 데일러의 자전 〈Private Domain〉에서 튜더에게 총애받던 피너 바우쉬의 모습이 그려져 있다. 같이 공연 여행을 한 적이 있는 것이다. 1962년, 독일로 들어가 쿨트 요스가 조직한 무용단, 파르크뱅크 dance Studio에 입단. 1969년, 그 예술 감독이 된다. 1972년, 비퍼탈 시립 극장의 안무를 한 것이 인정되어 1973년, 동시(同市)의 무용단의 예술 감독으로 취임하였다. 그리고 1975년, 앞에서 서술한 〈봄의 제전〉을 발표한다.

경력에 밝힌 바와 같이, 피너 바우쉬는 라반, 뷔그만, 요스로 흐르는 독일·현대무용의 직계이다. 그렇지만, 나의 인상에는 예를 들면, 그 〈봄의 제전〉은 폭력성에 있어서도 관능성에 있어서도 베자르의 〈봄의 제전〉(1960)의 존재 없이는 생각할 수 없다. 윌리암 포사이즈의 작품이 피너 바우쉬의 존재 없이 생각될 수 없듯이 모던 발레와 현대무용은 극히 미묘하게 교착하고 있다고 해야 할 것이다.

피너 바우쉬는 1980년대에 있어서 세계에 가장 영향을 준 안무가의 한 사람이다.

2. 매기 마린(Maguy Marin)

독일에 있어서의 피나 바우쉬(Pina Bausch)와 같이, 프랑스 무용계의 슈퍼스타인 매기 마린(Maguy Marin)은 현대 무용과 연극의 일찌기 없던 융합을 행하고, 무용 스펙타클로 혁신을 가져왔다.

매기 마린(Maguy Marin)을 유명하게 한 것은 〈메이 티〉와 〈산드리핀의 두 가지 걸작이다. 그러나 〈일곱 가지 대죄〉 (브레히트) 뒤에 만들어진 〈쿠테비〉와 〈레보루션 그것이 나에게 어떤 관계가 있는 것인가?〉는 또한 마린(Marin)의 작품 창조로의 끝없는 추구를 나타내어 주목되었다.

〈레보루션 그것이 나 에게 어떤 관계가 있는 것인가?〉는 혁명 200년 기념제 위원회의 위촉을 받은 당당한 문제작으로 그녀의 base에 있는 방법론적 추구, 알트 프레히트라는 금세기 2대 연극의 방법에 의해 만들어진 무용으로서는 이례적인 스타일(쇼)인 점에서도 또한, 〈동구세계〉의 붕괴라는 현실에 호응하는 예언적 내용 면에서 도그 작품은 스펙타클 예술의 정점을 구축했다고 할 수 있을 것이다.

이와 마찬가지로 혁명 200주년 기념제의 일환으로서 빠리 그랑, 파리에서 공연된 〈모리스 베자르의 작품〉(1789)… 그리고 지금 우리들과의 비교를 당연히 생각할 수 있지만, 아비뇽에서 공연된 마랭(marin)의 이 작품은 제목대로 현대 문명 비판이 더 없이 통렬하고 베자르와는 반대로 〈혁명〉의 부정적 실태를 파해쳐 관객을 찬반양론의 소용돌이로 끌어들여 버린다. 얄궂게도 일찍이 베자르의 기세를 느끼게 하는 매기 마린(Maguy Marin)의 약진이었다.

Marin은 1951년, 스페인 양친 아래서 프랑스 투르즈에서 태어났다. 여덟 살 때 콘서바트리에서 클래식 무용레슨을 시작하여, 니나 빌보아에게 가르침을 받았다. 스토라르부르 오페라좌나 그 밖에 솔리스트로서 춤추고 벨기에의 무드라에서 배운 뒤, 미쉐 반 누크나 캐롤린 칼슨과 함께 일을 했다. 그 후, 베자르에게 사사하고, 20세기 발레단에서 댄서로 활약하였다.

그녀는 무대를 위해 노력을 아끼지 않는 자세를 베자르에게서 배웠지만, 〈베자르의 철학이나 무대미학〉과 나 사이에 공통된 것은 아무것도 없었다. 베자르는 고대 그리스인과 같은 완벽한, 젊고 아름다운 무용수밖에 받아들이지 않지만, 그 방식에 나는 반발하였다.

나의 무대에 감도는 유머는 그 체험에서 오는 것일지는 모른다라고 나중에 말한 바와 같이 1978년, 발레단을 그만두고 그해 같은 20세기 발레 단원이었던, 다니엘 멘버슈와 함께 箱丹무용극단을 설립하고,

1984년, 이것을 company Maguy marin으로 개명하였다. 현재에는 파리교외에 있는 크레티유를 본거지로 하고 있다.

Marin은 1977년, 니온과 1978년, 바놀레의 국제 안무 콩쿨에서 우승하고, 1981년의 〈메이 B〉에서 결정적인 평가를 얻었다.

〈메이〉는 그녀가 이전부터 〈육체적인 강한 반응〉을 느끼고, 테마로 선정하고 싶다고 생각하고 있었던 사뮤엘 베케트의 작품에서 착상을 얻고 있다. 인생이라고 하는 여행을 계속하는 인간의 고독한 모습, 그리고 그 끝에 기다리고 있는 죽음, 인간의 이 피할 수 없는 숙명을, 마린(Marin)은 노인들의 장난과 같이 안타깝고, 익살스러운 모습 속에 그리고 있다.

피리 소리와 함께 무대의 막은 열린다. 몸을 하얀 점토로 뒤덮은 노인들이 비척비척 등장하는데, 숨도 막 끊어질 것 같고, 등은 굽은 채 발걸음은 터벅터벅 걸으면서 원이 되어 무대의 여기저기로 행진하기 시작한다.

늙음과 동시에 발생하는 문제와 노인들의 충돌, 사랑, 성 등 인생의 양상이 때로는 격하고 파워풀하게, 때로는 유머를 가지고 또한, 슬프고 조용하게 진행되어가는 동안, 봄과 얼굴에 바른 점토는 말라서 버석버석해져서 너덜너덜 벗겨져 떨어지고 그 사이에서 인간이 보인다.

바닥에 떨어진 파편은, 시간이 흐름에 따라 이윽고 인간의 귀착점과 같이 새하얀 먼지로 변해간다.

마린(Marin)은 죽음의 이미지를 표현하기 위해, 굳이 이런 수법을 이용하고 있는데, 〈나에게 있어서 죽음이란 신체의 부정이 아니라, 신체 안에 있는 동물성을 확인하는 것이다〉라고 서술하고, 인간의 본질적인 면을 응시하고, 그것을 표현주의적인 수법으로 냉철하게 묘사한다. 이것은 그녀의 무용창조의 기본을 이루는 것이다.

메이 티의 자매 작품, 구약성서에서 현대로의 전망을 가지고 그려진 바벨 바비는 녹색의 야산을 활보하는 전원 알몸인 아름다운 시대에서, 현대 해안의 피서지에서의 법석을 떠는 조잡한 파티로 무대를 옮겨서 종말론적인 사고방식을 제시하고 있는데, 이것은 〈쿠데타, 혁명〉으로 이어지는 마린(Marin)의 중심적 주제라고 해도 좋을 것이다.

마린(Marin)은 1986년, 리용 오페라 발레단의 위촉 작품인 〈산드리용〉(음악: 프로코피에프), 가면을 쓴 인형극 스타일로 만들어서 대히트시켰다 무용수 전원이 아름답고 추악함이 혼재된 가면을 쓰고, 헐렁한 옷을 입고 나타난다. 여기에는 신데렐라(Cinderella)의 호화 현란한 옛 모습은 없다.

그러나 인간의 정열로 흔들리는 소박한 인형들의 세계에서 잔잔한 감동이 일어나는 것이다. 인간이 억제하는 감정 즐거움도 애처로움도 결국 진실의 감정이 인형의 소박한 조형에 반영되어, 오래도록 순수한 감동이 되어 우리의 마음을 울린 것이다.

현대의 무용 세계가 가면과 인형의 시정(詩情)에 의하여, 이만큼 아름답게 채워진 예는 없다. 여기에는 마린(Marin)의 참다운 예술가로서의 감성이 넘치고 있다.

마린의 주요작품은 〈유·구·리〉(1978), 〈소녀와 죽음〉(1979), 〈메이티〉(1981), 〈바벨바벨〉(1982), 〈산드리용〉(1985), 〈eden〉(1986), 〈어둠의 독송〉, 〈일곱 가지 대죄〉(1987), 〈쿠데타〉(1988), 〈레볼루션 그것이 나에게 어떤 관계가 있는 것인가?〉(1989) 등이다.

3. 장 끌로드 갈로타(Jean Claude Gallotta)

갈로타는 부르농빌을 거점으로 활약하는 그룹, 에밀 듀보아의 무용수이자 안무가인데, 1980년대에 들어가서 급속도로 두각(頭角)을 나타내어, 현재 프랑스 현대 무용계를 리드하는, 포스트 베쟈르라고 불릴 정도의 평가를 받고 있다.

그의 스타일은 미국의 포스트 모던 댄스(post modem dance)와 독일 표현주의 무용의 영향을 한층 증폭시켜, 프랑스적인 독자의 세계를 만들어낸 〈몸짓에 의한 사고〉라고 스스로 칭하고 있다.

그는 [피너 바우쉬가 연기자나 신체로 시작되는 것에 대해서, 나는 좀 더 첨가하여 팽창시키고 싶은 추상 개념과 더욱 지적인 무엇인가

로부터 출발한다고 말하고 있는데, 그는 의미에 중점을 둔 연극에 너무 영향 받아 온 무용에 자유를 주고 자기의 내면적 공간과 독자의 문화, 새로운 음악과 이야기의 형식을 재발견하기 위해 동작을 연구의 대상으로 삼으려고 생각했다 그는 22세경, 회화에 몰두했었던 탓인지, 자기 자신을 교화가나 또는 연기자 또는 작가로서 보고 있는 것이다. 또한 그는 고달, 훼리니, 벤더스 등에게 영향을 받고 비디오와 영상에도 열중하여 장편영화 〈닥터(doctor) 라뷰스〉의 시나리오도 직접 다루었다.

〈나는 조형 미술과 무용에 다리를 놓고 싶다〉고 생각했다고 서술하고 있듯이 양쪽의 무엇인가가 결여되어 있는 틈을 새로운 버케브러리(vocabulary)와 사고로 채워 가는 것이 그가 지향하는 예술이라고 할 수 있다.

1950년, 그루노블에서 이탈리아 사람인 Anarchist 부친과 오스트리아 망명자인 모친 사이에서 태어난 갈로타는 1973년에 미술학교를 그만두고 무용의 길로 들어서게 된다.

1978년, 뉴욕으로 옮겨 머스 커닝햄과 만남으로 인하여 무용은 어떤 사람에게도 어떤 나라에도, 또한 어떠한 방법을 사용하더라도 할 수 있다는 것을 알고 용기를 얻어 안무가로서 눈을 댔다.

1979년, 귀국 후, 그룹 에밀 듀보아를 결성하고 〈빠 드 까트르〉, 〈무브만〉 등 의욕적인 작품을 계속해서 만들었다. 1981년의 모험적인 파노라마 작품 〈유리시스〉는 그의 그 후의 작품의 근원을 나타내는 출세작이 되었다. 그 외에 〈실물크기〉, 〈다프니스와 크로에〉(1982), 〈이브 P로의 오마쥐〉, 〈생존저〉(1983), 〈이반 바환의 모험〉(1984),

〈암이리와 판도디〉(1986) 등을 발표하였다.

대표작 〈마마무〉는 〈어른들에게 다시 전유된 아이의 세계〉를 그리고 있는 한편, 어린 시절은 매우 자극적인 생활로 조금도 어린이 답지 않다.

갈로타는 무엇에든 고집이 세고 잔혹하고, 그러나 마음 든든하고 정신적이기까지 한 어린 시절의 기억을, 다정하게 웃고 싶어지는 동작과 활기차게 떠들고 있는 듯한 행위, 자극적이고 광기에 가득찬 동작, 남녀를 불문하고 행해지는 포옹, 응원소리를 수반한 운동경기와 같은 그의 독특한 〈동작 언어〉로 표현하고 있다.

〈마마무〉는 〈시간〉과 〈리듬〉에 관한 질문이 하나의 테마로 되어 있다. 그렇지만 그것은 추상적인 테마이다. 거기에 어떤 이야기가 나오는 것이다 라고 서술하고, 그의 이미지 속의 다양한 아이들과 어른을 등장시키고 있다.

그들은 이 지상에 태어났다고 하는 이외에 기억을 잃고 있다. 그들은 자유이다. 언어 이전에 몸짓으로 자기를 표현할 수 있기 때문이다. 하지만, 언어가 갑자기 생겨 그들의 자유를 강탈한다. 그리고 갈로타는 〈나는 지금까지 인간의 내면을 말하는 언어를 중심으로 표현을 창조하여왔다. 말이라고 해도 그것은 상징이나 단지, 형태와 색채가 일정한 조화와 같은 것은 아니다. 항상 생명이 넘치는 자연의 꽃이라고도 해야 할 것이다. 현대무용에 요구되는 것은 자연, 우주, 신화를 상상시키는 그러한 내면의 생명을 어떻게 조형하는가라고 생각한다.〉라고 작품에 대하여 멘트(comment)하고 있다.

1984년 세계 여행 후, 그룹은 그르노블에서 국립 안무 센터로서의 지위를 얻고 1985년, 갈로타는 문화부 장관으로부터 무용의 국가 그랑프리를 받고 1986년, 〈그르노블 문화의 집〉 감독으로 임명되어, 프랑스에 있어서의 문화적 지도자의 입장에 있다.

4. 안나 테레사 드 케스마이겔(Anne Teresa de Keersnueker)

컨템포러리 댄스의 흐름 속에서 현재, 벨지움과 캐나다에 새로운 조류가 생겨나고 있지만, 그 중에서 벨지움을 대표하는 것이 급진적인 젊은 그룹 〈로저스〉와 그 리더인 안나 테레사 드 케스마이겔(Anne Teresa de Keersnueker)이다.

1987년, 브룩클린 아카데미 오브 뮤직(BAM)의 next wave festival에 발표되고, 뉴요카의 마음을 잡은 〈엘레나의 아리이〉와 1989년(横兵 art wave)에서 공연되고 〈micro cosmos 무브먼트 현악 4중주 제 4번〉 등의 작품은 그녀의 출세작이라고도 할 수 있는 것으로 이것들에 의하여 케스마이겔은 일약 세계의 영광스러운 무대에 등장하였다.

〈로저스〉의 특질은 음악과 무용과의 절묘한 조화, 회전(선회)운동을 많이도 입한 치밀한 구성, 일상적인 차원에서 무용적 차원으로의 의식적·논리적 전환 등에 나타나고 있다고 할 수 있다.

마이크로 코스모스(micro cosmos)에서는 2대의 피아노에 의한 생 연주이고 또한, [현악 4중주 제 4번]에서는 헤트 몬드리안에 의한 생 연주로 바르토크 음악과 로저스 댄서의 따분한 만남이 전개된다.

마이크로 코스모스(micro cosmo)는 남녀 2명의 극히 일상적인 만남에서 시작되고 여자 쪽이 남자 쪽으로 기대오면, 남자는 여자의 어깨를 붙잡고 돌리듯이 물리친다. 여자는 그것을 몇 번이고 반복하여 남자에게 접근한다. 그러나 피너 바우쉬의 남녀관계와 같이 격심하게 거부된다. 그 동안에 여자는 회전해서 남자에게 다가가고 재빠른 포옹이 이루어지지만 또한 곧 떨어지게 된다.

이렇게 해서 회전에 의해 남녀의 접근이 되풀이되고 그것이 도약 등과 결합되어 두 사람의 동작은 더욱 다이나믹하게 변용되어 간다. 음악은 마치 쫓아가기 놀이와 같이 두 사람의 동작을 이끌고 따른다.

음악이 유기본능과 하나가 되어, 무용 그 자체로 변하여 간다. 또한, 검은 후레어 스커트의 원피스를 입은 4명의 무용수들에 의하여 행해지는 [현악 4중주 제4번]에서도 회전운동의 기능이 최대한으로 살려지고 있다.

스커트가 몸에 감겼다가 펴지고 좁혀졌다 펴지는 스커트를 둘러싼 그 아래에서 속옷이 보이고 감춰지는 모습은 소녀들이 마음에 드는 스커트를 입은 기쁨으로 의미 없이 빙빙 돌며 놀고 있는 것 같은 요염한 사랑스러움을 자아내고 있다.

옛날부터 사용된 회전운동이 신선하고 혁신적인 표현으로 소녀에서 여인으로 변모하는 모습을 나타내고 있다. 피치카토 주법에 의한 연주와 댄서의 움직임의 질감은 훌륭하게 융합되어, 유니존에서 춤추고 있구나 하고 생각하면, 어느 사이에 1인 대 3인의 카논으로 변하고 언뜻 보기에, 난해한 것 같은 변(變) 박자와 싱코페이션이 많은 바르토크 음악이 코미컬하게 튀어 즐겁게 들려온다.

케스마이겔(keersmaeker)은 1960년, 벨지움에서 태어나 무드라에 입학해 리듬 무브먼트를 연구테마로 삼은 페르난 시렌에게 가르침을 받았다. 이후 뉴욕에서 배우고, 현재는 브뤼셀을 본거지로 활동하고 있다.

작품에는 〈Asch (1980)〉, 반복의 움직임을 특징으로 하는 〈Fase-스티브 라이히의 음악에 실은 네 개의 동작〉, 〈Rosas danst Rosa〉(1983), 〈에레나의 aria〉(1984), 〈바르토크 현악 4중주 제4번〉(1986), 〈micro cosmos〉(1987), 오페라 〈포페아의 대관〉의 곡과 등장인물을 차용한 씨간의 대작 〈오토네, 오토네〉(1988), 최신작 〈achter land〉(1990) 등이 있다.

5. 스잔느 링케(Susanne Linke)

1944년, 서독 류네브르크에서 출생. 무용을 시작한 것은 1961년. 17세 때에 프랑크푸르트에서 주 1회, Anuteur 전용의 무용 교실에 다니기 시작하였다. 이듬해, 프랑크푸르트의 오페라하우스 준공 기념 공연에서 본 도레 호이야의 춤에 매혹된 링케는 그녀로부터 무용수가 될 것을 권장 받았다고 한다. 1964년, 호이야의 권유로 당시 베를린에 있던 마리 뷔그만의 무용 연구소에 입문하였다. 뷔그만이 은퇴하기까지 최후의 학생의 한 사람으로서 그녀 문하에서 배운다.

1967년, 쿨트 요스가 창립한 옛센의 폴크방 예술 대학 무용과의 2학년으로 편입하였다. 당시, 라인히르트 호프만이 4학년에 재적, 피나 바우쉬가 폴크방 댄스 스튜디오(주로 동대학의 졸업생, 재학생으로 이루어진 무용단)에서 발레리나, 안무가로서 활약하고 있었다. 링케는 1970년, 동대학을 졸업과 동시에 동 무용단에 무용수로서 채용되었다.

이때부터 안무도 시작하였다. 링케의 입단에 앞서, 1968년에는 무용단의 감독이 요스의 은퇴에 따라 바우쉬와 교대되었지만, 1973년에는 그녀가 부파탈 무용단의 예술 감독으로서 전출되었기 때문에, 링케는 전술한 호프만과 함께 폴크방 댄스 스튜디오의 예술 면의 지도자가 되었다.

1975년, 〈댄스 휴네랄(무용 장례)〉이 프랑스 바뇨레 안무 콩쿨에서 제 3위로, 케른 국제 안무 콩쿨에서는 [푸페 (인형)]가 입상을 하였다.

그 실적이 평가되어 폴크방 댄스 스튜디오의 지도를 요청받고, 1985년까지 등 스튜디오에 안무가로서 재적하였다. 그 동안의 안무 작품은

〈원더링〉(1976), 〈당신도 기다려요〉(1977), 〈다음분 하세요〉(1978), 〈ballade〉(1978), 〈모두가 백조는 아니다〉(1982) 외에 솔로 활동으로서 발표한 것에는, 〈욕조에서〉(1980), 〈넘치는 바닷물〉(1985), 〈드레 호이야에게 바친다〉(1987 –1988) 등이 있다.

1985년에는 뉴욕의 브룩클린 아카데미 오브 뮤직(Academy of music)의 넥스트 웨이브 페스티발(Next wave festival)에 초빙되었다. 이듬해, 호세리몬의 컴퍼니(company)에서 〈그러면 에그먼트, 부탁해〉를 안무하고 파리 오페라좌의 그룹에도 안무가로서 초대되었다.

링케가 무용의 세계에 몸을 던지게 된 계기가 된 호이야이지만, 독일인 무용수, 안무가로 마리 뷔그맨의 후계자로 주목된 적도 있다. 독일 표현주의 무용의 대표적 존재이다. 특히 다양한 감정을 무용으로 표현하는데 탁월한 재능을 발휘하였다고 한다.

1990년 4월의 일본공연에서 공연된 링케의 〈도레 호이야에게 바친다〉도 다양한 인간의 감정을 그린 것이었다. 제1부가 호이야의 〈인간의 격정……허영심·욕망·불안·사랑〉(1962), 링케가 1987년에 재구성과 〈슬픔, 도레 호이야에게 바친다〉(1987), 제2부가, 안무는 링케와 공연한 울스 디트리히로 구성되어 있었다. 호이야의 본래 안무부분도 링케의 안무 부분도, 엄숙한 감정, 그것도 반드시 딱 보았을 때 즐거운 감정이 아닌 무대장면을 여러 번 중복시키고 있다.

미국의 현대무용에서 많이 볼 수 있는 추상적인 작품과는 다르지만 흥미 깊었다.

6. 캐롤린 칼슨(Carolyll Carlson)

미국의 여성 무용가, 안무가. 1968년 앨빈 니콜래이스 컴퍼니(company)에서 파리 국제 무용 festival에 참가, 에트왈 도르상(최우수 여성 무용수상)을 받았다. 1972년 아비뇽 페스티발에는 〈죽음으로 이끈 꿈을 위한 의식〉을 안무 발표, 다음해 1973년 빠리 오페라좌에 초대되어 발레인을 위한 오마쥬의 만찬에서 〈밀도 21〉을 안무해 춤추었다.

오페라좌의 지배인 롤프 리베르만은 안무가 겸 에트왈로서 칼손과 계약, 1975년 현대적인 그룹 [GRTOP(빠리 오페라좌 현대무용 연구그룹)를 설립하여 칼손을 그 책임자로 했다. 이후 1980년까지 5년간, 칼손은 예술 감독으로서 프랑스에 미국의 모던 댄스(modem dance)의 테크닉과 자유로운 창조의 정신을 전하는데 전념, GRTOP를 위한 작품을 안무해 오페라좌에 정기적으로 출연, 오페라좌에서의 미국 시대를 구축하였다.

칼슨의 무용은 막힘없는 신비적인 그녀의 모습을 연초에 안무한, 스피드 있는 흐름과 같은 아름다움이 특징으로 부드럽고 아름다운 실루엣은 인체의 미를 넘어 감성 그 자체가 춤추듯이 보이고 인간미가 없는 무기질한 추상성을 느끼게 한다.

그녀는 무용에서 논리적·지적이라고 하는 것을 요구하지 않는다. 감성, 감각에 근거하여 춤추고 말하는 이미지의 연쇄가 그녀의 무용이다. 칼슨은 GRTOP에서, 캐롤린 마르카데, 안느마리 레이노, 칸탈루 이이에 등, 프랑스 누베르 무용의 파노라마 안에 드는 사람들을 양성하였다.

지금 전성기를 구가하고 있는 프랑스의 누베르 무용에 준 영향은 매우 크다고 할 수 있다. 그러나 현재의 칼슨이 이 조류에 끼는 데는, 무용관의 새로운 전개가 필요하지 않을까 생각된다.

캐롤린 칼슨은 1943년, 캘리포니아주 오크랜드에서 태어났다. 핀란드(Finland)계의 미국인이다. 8살부터 클래식 발레를 배우고 샌프란시스코 발레단에 입단, 이어 유타 대학에서 배운다. 유타 대학에서 앨빈 니콜라이스를 만나, 1965년 니콜라이 컴퍼니(company)에 입단 71년 파리로 건너가 안누 베랑제 컴퍼니(company)에 안무가, 무용수로서 입단, 72년 런던 현대무용학교에서 안무가, 교사, 무용수를 한다.

1974년 누레에프와 만나 테토리의 〈트리스민의 빠 드 되〉를 공연하였다. GRTOP을 통솔하고 나서는 아시아 순회공연도 가고 1978년 방일공연, 80년 라리오 엑슨들 GRTOP의 멤버와 함께 훼니체 오페라 극장에 초대되어 베니스로 옮기고 활약을 계속했다.

작품에는 〈죽음으로 이끈 꿈을 위한 의식〉(1972), 오페라좌에 초빙되어 처음으로 안무한 〈솔로〉, 발레즈의 음악에 의한 〈밀도 21.5〉(1973), 〈모래시계 감옥〉(1974), 〈한 순간전〉(1974), 2부작 〈광인의 돈〉, 〈돈의 광인〉(1975), 신비적인 또 하나의 세계의 탐구 〈XII Lend〉(1975), 〈X Land의 Theme〉을 새로운 형태로 다시 올렸다.

〈風·水·砂〉의 연작(1976), 인체의 기하학 모양과 같은 4시간여의 대작 〈지스〉, 〈wi트〉, 〈지 아자〉, 〈더 비기닝〉, 〈더 엔드의 연작〉(1977), 〈시페르〉(1978), 〈스로, 헤비안드브루〉(1980), 〈under woo〉(1982), 〈blue lady〉(1984) 등이 있다.

Chapter 5

모더니즘 이후의 무용론 - 순수주의 · 시원주의 · 해탈주의

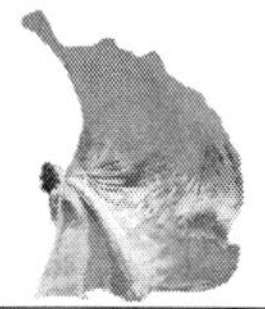

아마 가장 소박한 예술관은 작자, 작품, 수용자 관객이나 독자라는 세 가지 항목을 설정하여 작품을 모체로 어떠한 〈내용〉을 작자가 수용자에게 전달하는 것일 것이다. 이러한 경우, 작품이란 어떠한 내용을 탐은 것이거나 내용을 부호화한 것이 고수용자는 이것을 해독하는 것이다. 그래서 수용자는 내용에 공감하지 못하면 누차 작품을 대하고 〈알 수 없다〉라고 하고, 작자에게 '도대체 무엇을 말하려고 한 것인가?'라고 되묻곤 한다. 여기서 예술은 일종의 언어이라고 생각하면 유사하고 실제 언어를 모델로 예술의 구성을 기호론적으로 설명하려고 하는 시도도 적지 않다. 이와 같은 생각이 지배적일 때, 가장 중요한 것은 전달되는 '내용'임은 자연스런 이치일 것이다.

물론 〈내용〉이 의미하는 것은 단순한 것은 아니다. 어떤 경우에는 사건의 골격이며, 어떤 경우에는 정동(情動)이며, 어떤 경우에는 작자가 품고 있는 이념(idee)이기도 하다. 그러나 근대 이전의 서구회화, 문화, 연극 등에서는 일반적으로 가능하지 않은 일 내지 정경(情景)의 모방적인 재현이라고 생각되어지고 있다. 즉, 약간의 모방(mimesis)이다.

그리고 근대 예술은 이 모방의 부정에서 시작되었다고 해도 좋을 것이다. 그것이 얼마나 큰 전환이었는지는 20세기의 비등(佛騰)하는 예술 운동의 역사들 보면 알 수 있다. 그 변화 요인이 무엇이었는지는 나로서는 잘 알 수 없지만 신의 죽음이나 니히리즘(nihilism: 허무주의)이라는 사상적 상황을 드는 것이 보통이다. 그것은 아마 차이가 있을지 모르지만 예술가의 의식과 사회 상황을 직선적으로 결부시켜서는 안 된다. 하물며 예술가는 카나리아와 같이 사회 변화의 이렇다 할 조짐을 민감하게 반영한다는 설은 예술가는 세상일에 등한시하고 사회상식을 알지 못한다는 설과 마찬가지이다.

여하튼 예술가는 누구보다도 빨리 기존의 문화에 염증을 내는 인종이며, 대중이 여전히 위대한 인물이나 극적인 사건의 재현을 바라고 있을 때 몇 명은 재현이라는 일이 스스로에게 자극적이 아님을 자각한 것이다. 그 원인이 무엇이든 그와 같은 감성의 출현이 근대 예술로의 전환을 촉진했다.

무엇인가의 재현이라는 모방에 진절머리를 내는 그들에게 길은 두 가지이다 하나는 예술이란 내용의 전달이라는 도식은 그대로 모방적 재현으로 대체하는 것 또 하나는 내용 그 자체를 없애버리는 것이다. 자기 내부의 표출(표현)이라는 것은 이 모방적 재현의 대체물이었다. 표현주의는 예술가 내부의 정동 내지 생의 힘을 직접적으로 모조리 털어내는 것이라고 간주했다. 다행히 때 마침 발전한 프로이드, 융의 정신분석이 이론적 도구를 제공했다.

억압된 개인의 무의식 또는 태고적부터 인류에게 축적된 집합적 무의식이 표현 내용이라는 것이다. 필시 이 사고의 의의는 작자의 상상이나 의식적 제작을 부정함으로써 주체가 되어 작자라는 관념의 부정과 결부되어졌을 것이다.

그렇지간 아주 급진적인 예술가들은 애초에 내용 따위는 불필요하다고 생각했다. 이리하여 내용 없는 작품이 출현했다. 즉 모체의 자립이다. 그렇지만 모체다운 작품은 일반적으로 두 가지 요소로 구성되고 있다. 소재인 물질실체(그림도구, 신체, 음 등)와 그 배치로서의 형식이다. 따라서 자립은 두 가지 면에서 행해졌다. 소재의 자립(대상화, 오브제화)와 형식의 자립(추상화)이다. 그러나 내용에서의 해방은 예술의 세계에 돌풍을 예고한 한편 또한 다른 문제들 파생했다.

즉시 불가시적 내지 비 존재적 내용의 구체화(물질화)가 제작되어 내용파악이 향수였다고 한다면 내용을 잊어 버렸을 때, 제작이란 무엇이며 향수란 무엇인가라는 문제라고 하여 구상, 제작향수라는 예술현상의 각 단계가 그 의의를 수정하게 되었다(이윽고 〈작품〉이라는 개념이 붕괴되었을 때, 구상은 자립하여 개념상의 예술(conceptual art)이 되고 제작행위의 정시(呈示)는 퍼포먼스가 되어 향수도 도한 창조로의 참여로 파악될 수 있게 된다.).

가장 간단한 해결은 〈내용〉의 대체로 〈미〉를 둔 것이다. 작품이라는 의미 내용을 가지는 것이 아니라 단순히 아름다움이며 제작이라는 아름다운 사물을 만드는 것이다 라는 식으로 그러나 20세기 예술가는 동시에 종래 의미의식을 이탈하려고 하고 있다.

동시대의 통속문화 속에 유통되고 있는 미에서 싹텄던 것이다. 그들이 신선한 매력을 발견한 물체의 모습은 따라서 어느 사이 보통의 의미에서의 〈미〉라고는 하기 어렵다. 종래의 〈내용〉이나 〈미〉가 문화가 가지는 의미 작용에 많이 의존하고 있다고 한다면 그들은 자기 작품을 의미 작용이란 문화의 매력에서 이탈시키려고 한 것이다.

의미의 배제에는 또한 두 가지 방향이 있을 것이다. 의미를 성립하고 있지 않도록 요소를 구성하는 것과 의미를 가지는 요소를 버려가는 것, 즉 혼탁화와 순수화이다. 순수화의 절정은 미니멀리즘(minimalism)이다.

진정한 캔버스는 형식의 절정이고 한 개의 돌덩이는 소재의 절정일 것이다. 모더니즘 흐름의 중반은 오로지 순수화였다(혼탁화의 흐름은 다다(dadaism)로 발전하고 다른 의미 레벨의 혼으로서의 네오 다다(neo dada)를 통해 다른 파라다임(paradigm)의 혼용으로서의 포스트 모더니즘에 이른다.).

곤란한 것은 수용자이다. 누군가에게 종래의 내용 재현예술에 대해 작가들과 마찬가지의 권태감을 안고 있던 소수의 수용자는, 예술의 순수화에 시원한 해방과 신선한 자극을 발견했다. 그러나 그것도 순간이었다. 새로운 실험이 하나의 형식으로 제도화되었을 때, 단순한 만큼 싫증나는 시기도 짧다. 즉시 그것은 이탈할만한 기존제도(establishment)로 간주되었다. 그리고 카베스 파를 벗어나도록 점차 의장(意匠)을 박탈해 버린 예술은 미니멀리즘이라는 지극히 단순함에 접어들었지만 다시 수용자는 곧 단순화라는 방향 그 자체에 권태감을 느끼기 시작했다.

지금, 현대예술 이론가들은 두 가지 형태로 수정된 예술의 '의미' 또는 〈의미작용〉을 문제로 하고 있다. 하나는 뭔가의 재현이나 표현이 아닌 의미작용, 어떤 근원적인 의미작용이란 것이 있는 것은 아닐까라는 것이다. 그렇다고 해도 그 근원장소는 이제 신은 있을 수 없다. 형이상학적으로 사고하는 사람은 이것은 〈존재〉 그 자체에서 찾았다. 그러나 많은 사람이 처음으로 주목한 것은 〈신체〉였다. 이리하여 무용이 현대 미학의 중심과제로 등장했다.

또 하나의 〈예술의 의미작용〉에 대한 접근은 작품에 따라 의미작용을 한다는 종래의 방식에 대해 오히려 의미작용이란 장치 그 자체를 폭로함으로서 수용자에게 〈의미〉라는 것의 허구성을 자각시키려고 한다는 것이다 브레히트 류에 이것을 〈이화 효과〉라고 불러도 좋다.

전자는 존재의 개시 내지 원초의 미로의 귀환이 지향이라는 뜻에서 이것을 코헨을 모방하여 프리미티비즘(primitivism) 또는 시원주의(始原主義)라 불러야 할 것이다.

후자는 의미라는 시스템에서의 해방을 노리고 근대의 지식을 고차원적 수준(meta level)에서 조작하여 해체하려고 하고 있다는 점에서 이것을 대신하여 포스트모더니즘 또는 해탈주의라 칭할 수 있을 것이다 (물론 이것은 아주 잡다하고 통일성이 없는 이분법으로 귀찮은 사람도 많겠지만, 해탈이란 결국 아주 잡다한 비평이다. 그러나 실정은 보통수단으로 되는 것이 아니고 시원주의와 해탈주의가 일반화되면 있을 수 없는 것만은 아니다 라고 덧붙여 두겠다).

이리하여 현대예술의 이론 동향을 정리하기 위한 시점으로 우리들은 부랴부랴 세 가지 견해, 즉 순수주의(모더니즘), 시원주의(프리미티비즘), 해탈주의(포스트모더니즘)로 나누었다. 이러한 것이 무용론에서 어떤 모습을 취하고 있는지를 다음에 살펴보도록 하자.

1. 순수주의 또는 모더니즘

코헨의 말처럼 모더니즘은 우선 장르(genre)의 순수주의로 나타났다. 이것은 각 예술 장르에 고유의 본질로 간주되는 요소와 그 이외의 요소를 선별하여 후자를 대단한 방해꾼으로 간주하여 배제하려 한 것이다. 그렇지만 어느 장르에서나 공통적으로 보이는 요소는 무엇인가의 재현이라는 모방(mimesis) 기능이다.

따라서 제일 먼저 배재된 것은 재현성이었다. 또한 예술장르의 분류라는 관행은 모체가 다른데 기인하고 있다. 따라서 장르고 유의 본질다운 것의 강조는 모체의 특이성의 과시가 되는 경향이 있다.

예를 들면 미술의 경우, 그 모체는 색과 형태의 이차원적 배치이다. 근대미술의 시조가 되는 세잔의 〈자연을 원기둥, 구체, 원추로 파악〉한다는 편지는 산이나 나무를 구나 원추로 재등장시킨다는 것이 아니라 〈산〉이나 〈나무〉를 보고 있다는 관념을 없애려고 한 것이라고 해석하는 편이 좋다.

자연에서 의미를 박탈하면 보이는 것은 색과 형태의 입체 도형분이다. 게다가 세잔은 그것을 묘사한 것은 아니다. 다만 자연에서 〈동기(motive)〉를 없앨 뿐이다.

그는 세계를 일단 색과 형으로 분리하고 그것을 재구성하여 자기 화면을 만든 것이다. 드니는 더욱 확실히 〈그림은 나체 여인이나 군마나 일화이기 이전에 본래, 색을 배칠한 평면이다〉, 〈신전통주의의 정의〉라고 했다. 이 선언을 했을 때, 그는 자기가 서양미술의 2,000년 전통에서 비로소 탈출했다고 흥분했을 것이 틀림없다. 그렇지만 이와 같이 회화의 본질을 색 면의 배치에서 찾는 것은 동시에 〈색인 것〉의 등장을 초래하게 될 것이다.

재현에서의 해방은 우선 색의 강조에 있다. 그러나 색이란 무엇일까 지각된 시각적 영상일까, 그림도구로 채색된 캔버스일까, 하고 한다면 추상적 형식이며 후자라고 한다면 구체적 소재이다. 이른바 추상회화는 전자이지만 이것도 한편에서는 형식의 단순화에 기인한(minimal art), 한편에서는 시각효과의 탐구에 기인한다(off art).

후자는 소재의 등장에 기인하고 캔버스를 침범하여 이물질을 첨가시킨 모체가 색이기 이전에 물질임을 강조했다.

문학의 경우 단어는 의미를 가지지 않을 수 없다. 그러나 포나 발레리가 주장한 말은 단어의 의미를 적어도 말의 향이나 리듬과 같거나 그 이하의 위치로 전락시켰음을 증언하고 있다. 이윽고 전위시인들은 언어진술의 의미마저도 해체할 것이다. 물론 단어의 의미는 남지 않을 수 없다. 그러나 반베니스트(그리고 리쿨)가 강조했듯이 언어 진술의 의미와 말의 의미는 존재 수준이 다르다. 언어진술의 의미는 그것이 지시하고 있는 어떤 사항(레프란)이다.

편리하게 말하면 언어진술이란 필자가 〈말하고자 하는 것〉의 재현에 해당한다. 그렇지만 말의 의미 시니피에란 언어체계의 하나로써 그것만으로는 허공에 맴도는 애매한 관념 일반적으로 말하는 차이에 지나지 않고, 또한 무엇의 재현이 될 수도 없다. 佐勝信夫씨의 적절한 설명(언어진술의 형태)을 빌면, 시는 레페란의 재현이 아니라 시니피에의 증식이다. 이것은 결국 시니피에라는 매체의 등장에 지나지 않는다.

그렇다면 무용의 경우는 어떠했을까 매체의 형식은 자세 및 운동이다. 매체의 소재는 인간신체이다. 그래서 무용의 순수화는 운동의 등장과 신체의 등장이라는 형식으로 나타났다. 운동등장의 선구는 발란신의 추상적 무용에서 찾을 수 있을 것이다.

미니멀 댄스라고도 일컬어지는 아메리카의 포스트 모던 댄스에 많은 단순한 운동의 반복은 그 하나의 도달이다. 신체의 등장에 대해서는 로버트 윌슨 등의 슬로모션도 하나의 방법이겠지만 필시 일본 암흑무에는 등장하지 않는다.

그러나 신체의 등장은 재현적 의미는 가지고 있지 않더라도 다른 무언가의 의미 작용을 가진 것처럼 보인다. 또한 실제 누차 그와 같이 행해지고 논의되어지고 있다. 그것은 문화적 약정으로서의 의미작용이 아니라 오히려 그 이전의 원초적인 의미 작용을 신체가 하고 있다고 하는 것이다. 신체의 순수한 존재 방식에 대한 관심은 이리하여 시원주의와 결부된다.

실은 미술에 있어서도 사정은 비슷하다. 칸딘스키는 추상이란 자연법칙을 순수한 형식으로 선별했으며 마르크는 추상미술을 〈세계를 상대로 홀로 얘기하는 시도〉라고 말했다. 즉, 재현을 버린 화가들은 반드시 의미를 버렸다는 뜻이 아니다.

작품이 하나의 소우주(micro cosmos)가 되었을 때 거대한 대우주(macro cosmos) 질서를 공유한다는 생각은 오히려 중세의 〈유사의 원리〉에 근거한 모방관에 가깝다고도 할 수 있을지 모르겠다.

그렇다면 운동의 표시는 완전히 의미 작용에서 벗어난 것일까. 제일 첫째는 그럴지도 모른다. 그러나 미술에서도 그랬던 것처럼 어느 형식의 자립이 성공하고 정착하여 하나의 형식으로 사회에서 인지되었을 때 그것은 하나의 문화적 의미를 체결했다는 것이다.

무용수의 의도가 어찌되었든 수용자는 그곳에 〈기성의 어휘〉를 발견한다. 사람은 늘 의미를 생산한다는 것이다. 여기에서도 이탈하려고 했을 대 방향은 두 가지였다. 하나는 움직임에서 형식을 벗어나는 것이다.

일상 운동과의 경계의 애매화 또는 게슈탈트가 취하지 않은 움켜질 곳이 없는 움직임 또는 움직임의 형태가 아니라 움직이고 있는 것 자체의 강조 또 하나는 어느 형식을 인용하면서 이것을 고차원적 수준에서 마음대로 가지고 놀아보는 것이다.

어쨌든 그것은 이미 아름다운 운동형식을 부여하는 것이 움직이는 것 자체에 대한 것이 아니라 비평 행위로서의 운동이 된다. 이리하여 의미작용에서의 이탈을 도모하는 형식의 등장은 의미작용 그 자체를 해탈주의와 결부 짓는 것이다.

2. 시원주의

니히리즘이 의미 일반의 부정이 아니라 근대적 체계에 의한 의미 또는 제도가 된 의미부정이라고 한다면 우리들을 얽어매고 있던 의제(擬制)망을 파괴한다면 그렇게 진정한 의미가 보여지는 것은 아닐까하고 생각하는 것은 자연스런 것일 것이다. 그렇다면 그것은 도대체 어떤 의미인가 랭거는 시원시대의 신화를 창조했던 것처럼 원초의 의미작용을 생각한다. 역사적으로 시원으로 거슬러 올라간다는 듯이다.

레벤은 의미의 근원을 찾아 세상에 속하고 있으면서 생기는 신체의 의미작용을 생각했다. 개체적으로 시원으로 거슬러 올라간다는 듯이 다. 그렇다면 그와 같은 시원의 의미는 어디에서 나오는 것일까? 여기에 대한한 견해는 인간의 어두움에서 그 원천을 설정하는 것이다. 이 입장을 취한 사람들은 대개 정신분석을 채용한다.

또 하나는 세계, 다만 우리들이 알고 있는 것과 같은(주관적인) 의미를 체결하고 객체로 나타나기 이전의 세계 또는 오히려 〈존재 그 자체〉라고도 할 만한 주객 미분화의 장이다. 전자는 움직이는 욕망이라든가 원형을 의미하는 근원을 찾고 투자는 존재자의 등장 내지 존재의 성립을 설명한다. 그러나 어쨌든 최초로 의미가 나타나는 장소는 이미 육체에 대한 정신은 아니다. 이와 같은 의미는 지성에 의해 명석하게 판단되어질 〈개념〉이 아니기 때문이다.

따라서 그 장소는 육체와 정신이 분리하는 이전의 것, 운동하는 물질임과 동시에 각성하고 있는 의식 이것과 같을 것이다. 그리고 여기에 시원의미의 발생장소로 〈신체〉에 대한 주목이 생겨난 것이다. 우리들은 언어에 따라 세계를 질서지우고 개념에 따라 그 의미를 이해기 전에 신체에 따라 세계를 질서 지우고 또한 세계를 해석하고 있는 것이 아닐까? 신체야말로 정말 원초적인 의미의 발생 수용의 장이 아닐까, 라는 뜻이다.

여기서 레벤은 의미의 원천으로 신체를 등장시키는 것이 전위예술의 하나에 도달한 퍼포먼스의 의의라고 생각했다.

막신 시츠는 이성적 로고스 대신 〈신체적 로고스〉라는 개념을 설정해, 정신이 이성에 의해 세계를 탐구하고 질서 지우듯이 신체는 움직임에 의해 그것을 행하려고 생각한다. 이 신체에 의한 세계의 감성과

구성으로 시츠는 인간의 근원적 창조력을 찾는 것이다.

레벤과 시츠의 생각은 말할 필요도 없이 어쨌든 멜로 폰티의 신체론에서 영향을 받고 있다. 즉 세계란 하나의 육체이고 세계의 육체와 우리들의 육체는 또한 불가분이며 우리들은 그로 인해 주객미분화의 육체를 장으로 세계와 사귀고 의미는 이 장에서 생겨나고 있다는 견해이다. 같은 상황을 레벤은 신체 퍼포먼스의 관람을 보는 관객의 입장에서 시츠는 자기 운동의 한가운데서 자기와 세계를 바꾸어가는 공연자의 입장에서 논한 것에 지나지 않는다.

그러나 레벤의 경우에는 확실하고 시츠의 경우에도 잘 생각해보면 문제가 되는 것이었다. 연자의 신체의 퍼포먼스 행위가 얼마나 관객에게 의미를 부여할지라는 향수내지 전달의 문제이다. 살아있는 신체가 그 신체가 가지는 주인에게 어떤 의미를 상기시키는 것과 타인에 대해 의미작용을 하는 것은 상황이 다르기 때문이다.

레벤은 완전히 이 문제에 답하고 있는 것은 아니지만, 용의주도하게도 하나의 해법을 암시하고 있다. 그는 현대 연극이 등장시킨 것은 공연자의 신체만이 아니라 우선 관객의 신체가 있었기 때문이라고 지적하고 있다. 또한 극장 속의 관객은 육체를 가지지 않은 단순한 눈만의 존재와 같이 어두운 의자에 앉아 있다.

그러나 전위 연극은 관객에게 우선, 자신의 육체를 등장시키고 그리고 공연자의 신체를 등장시킨다 라는 것이다. 이와 같은 신체의 상호 등장은 의미의 신체적인 발생 수용 조건이 되는 것일 것이다. 즉, 다른 사람의 신체 의미작용은 자신의 신체를 매개로 신체적으로(오성을 갖지 않고) 체득될 수 있다. 그러나 또한 여기에서 신체의 공감

내지 공진(共振)이 문제가 되어진다. 그렇지만 이것에 대해서는 市川浩씨의 구별 이론, 특히 그 동조론을 보시는 것이 좋을 것이다('정신으로서의 신체', '현대예술의 지평'), 여기에서는 구체적인 예를 하나 만들어 보겠다.

우리들은 무용가의 높은 점프에 감탄하지만 만일 그가 강철의 쇠줄에서 매달려 있다면 그다지 비상(飛輪)이 크게 느껴질 정도로 감명받지 않을 것이다. 전자는 우리들 육체의 공진 한계를 초월하고 있고 후자는 초월하지 않았기 때문이다.

또하나 해법은 신체 그 자체에 원래 '표현성'이 있다는 것이다. 마고리스의 입장이 이것이다. 개인의 신체는 생물적 육체와 문화적 조작의 관습과 쌍방에서 규정 지워 어느 독특한 표현성을 자연히 가지고 있다는 것이다. 이것은 경험적으로도 어느 정도 가지고 있다.

그렇지만 레벤은 더 이전까지 간다. 그는 신체를 의미의 원천으로 간주하고 잃어버린 시원의 의미작용을 되돌리는 장이다고 생각했는데, 신체가 의미의 원천인 것은 그것이 세계라는 신체의 일부이기 때문이다라고 생각하고 있다(멜로=폰티에 준함).

그리고 세계의 신체가 성립되는 것은 어쩌면 '존재'의 성립이라고 생각하고 있다(하이 데커에 의함). 따라서 신체의 의미작용도 그 근원을 더듬어보면 〈존재〉에 이른다. 이때 세계 내지 존재란 인간이 인간으로서 성립되는 장으로서의 여러 가지 의미가 살아있는 장처럼 〈인간〉에게 선행되는 시원적인 것이다.

레벤이 예로 든 것은 로버트 윌슨의 퍼포먼스이다. 그때 슬로모션은 공연자의 신체에서 일상적인 의미를 박탈하고 신체가 인간으로서 또한 다양한 행위로서의 의미를 생성하는 원초적인 것으로 신화형성의 능력(의미생성의 힘)을 우리들에게 되돌린다는 것이다. 그러나 일본인인 우리들에게는 오히려 춤의 방식이 친숙한 예가 될 것이다. 예를 들면 신체의 특이한 등장은 확실히 단어로 한다면 〈죽음을 사수하고 우뚝 서 있는 사체(死體)〉, 그것은 신체에 일상적인 의미를 담아서, 새로운 정의를 찾는 그러한 무대였다.

전체적인 의미를 몰라 관객은 알지 못하는 신체의 실상을 받아들이지 않을 것을 요청하고 있다. 그러나 그것은 혼동 없는 인간의 신체라는 점에서 즉 우리들의 신체도 또한 본래 안고 있는 것일 것이다. 눈에 띄지 않는 것은 존재하고 있지 않는 것이라고 낙천적으로 믿고 있는 우리들에게 암흑 속에서 상상도 할 수 없는 신체의 의미를 끌어내 보인 것이 암흑 춤이라고 할 수 있을 것이다. 그때 우리들의 전율은 뜻밖에 도자기의 모습을 발견하게 된 신체의 전율이었을 것이다.

3. 해탈주의 또는 포스터 모더니즘

현대예술 흐름의 하나가 순수주의임을 앞에서 얘기했지만 이것에 버금가는 또 하나의 흐름이 있다. 그것은 예술이라고 이름하는 제도를 파괴하고 혼돈으로 되돌리는 다다(dadaism)의 발생이다.

미술 전시회에 기성품(ready made)의 요강을 출품한 드상의 〈선〉이 그 최초의 충격이었다. 그 후, 이 흐름은 예술과 비예술의 경계를 발견하고 그것을 없애려고 노력했다. 이것이 순수주의와 비슷한 점은 순수주의가 예술의 자율을 믿고 그 최종조건을 구한데 비해, 이들은 예술이란 제도 그 자체의 파괴를 목적으로 했기 때문이다.

전자는 예술이란 제도의 내면적인 노력인데 비해 후자는 외면적인 (즉, 고차원적 수준)에서 〈예술〉에 대한 제반적인 사항을 형성한다. 다시 말하면, 〈예술에 대한 예술〉이란 일종의 자기 비평 행위가 된다. 결국 이와 같은 예술은 관객에게 무엇을 전달하는 것이 아니라 이화 효과에 의해 관객의 눈을 뜨게 하고 그들을 옭아매고 있는 문화적인 제도에서 해방시키려 한 것이다.

이 해설주의가 추구하는 방향은 일제히 의미 체계에서의 해설일 것이다.

콥 랜드에 의하면 포록의 추상표현주의와 마사 그레이엄의 모던 댄스는 병행관계에 있으며, 이러한 것에 대한 도전에서 나타난 라우센버그의 미술과 커닝햄의 무용과도 또한 병행관계에 있다.

추상표현주의도 모던 댄스도 근대 문화습관에서의 해방을 노린다는 의미에서는 역시 반 근대이다. 그러나 그것들은 어쨌든 〈문화적〉 자아(ego) 하에 〈자연〉의 무아의식(id)가 있어 합리성을 정지함으로써 오염되지 않는 자연스런 자기 영역과의 접촉을 회복할 수 있다고 믿고 있기 때문이다. 즉 그들의 예술은 〈자연〉이란 곧 〈표현〉이다. 이것은 어떤 의미에서 〈시원의 의미〉의 존재를 신봉하고 그것을 표현하는 것이라고 해도 좋다.

이것에 대해 라우센버그도 커닝햄도 이제 어떠한 〈표현〉을 목적으로 하지 않는다. 표현해야 할 〈의미〉의 존재, 의미의 원천으로서의 〈자연〉을 믿고 있지 않기 때문이다. 그들은 그러나 다른 형태로 작품을 〈의미〉와 관계토록 한다. 그것은 〈의미〉를 가지지 않도록 만든다는 작업이다. 예를 들면, 라우센버그의 콤바인 페인팅에는 거대한 캔버스의 회화의 일부에 실물 의자나 사다리를 곁들인 것이었다.

의자가 없다면 사람은 하나의 작품으로서 그것을 인지할 수 있을 것이다. 그러나 이차원의 비일상적 도형에 삼차원의 일상적 실용물이 곁들여졌을 때, 관객은 화면과 의자를 병행한 〈하나의 전체로서의 세계〉를 인지할 수 없다. 이리하여 의자도 화면도 '작품'이라는 수준에 이르지 못하고 작품 이전의 단편적인 집적에 머무는 것이다. 소재가 작품으로까지 존재 수준을 올리기 위해서는 소재는 어떠한 형식에 의해 전체로서 〈하나의 것〉에 통일된 형태로 인지되지 않으면 안 되는데, 이 조건을 역으로 취한 것이다

하나의 〈전체성〉을 가질 수 없도록 소재를 구성할 때, 그 소재의 집적은 말의 비문법적인 결합과도 유사하게 〈의미〉를 이루지 않는 것이다. 이것과 같은 수법이 커닝햄에게도 더욱 철저하게 보여진다.

그는 다양한 움직임을 집적시키지만 〈전체〉의 지각을 부여하지는 않았다. 그 수단으로 우연성을 채용했다. 예를 들면 춤과 음악과 미술은 서로 몰교섭된 채 제작되어지고 상영 시에 비로소 편성되어진다. 곱 랜드에 의하면 이것은 관객의 지각훈련을 의도한 계략이다. 관객은 무의미한 요소를 보는 것으로 만족해야만 한다. 그것은 〈세계를 완전히 의식하면서 동시에 세계에 무관심하다〉와 같은 것이다. 그리고 이 커닝햄을 곱 랜드는 포스트 모더니즘의 창시자로 보고 있다.

그러나 실은 〈포스터 모더니즘〉이라는 문자(letter)는 보통 커닝햄 이후에 생겨났다. 그보다 후세대의 무용을 가리키는 것이다. 나는 커닝햄에 관한 곱 랜드의 분석에는 동의하지만, 커닝햄의 무용과 그 이후의 무용과의 차이는 역시 지적해두어야만 한다. 그리고 대신에 커

닝햄 이전의 무용과 그 이후 무용의 차이가 있더라도 〈포스터 모던 댄스〉의 명칭은 커닝햄이 후세대이기 때문에 그냥 두는 편이 좋다고 생각한다.

커닝햄이 한 것은 의미를 성립시키지 않았기 때문에 〈전체〉를 파악하고 요소를 단편화하여 보는 것이 지향해야 할 초점을 어디에도 두지 않도록 하는 것이었다. 그는 이것에 의해 〈의미〉를 파괴했다고 하는 것이 좋을 것이다. 그러나 커닝 햄 이후에 가장 위대한 안무가인 트와일러 샵을 예로 들어보겠다. 그녀가 한 것은 의미의 파괴가 아니라 〈의미라는 시스템〉의 허구성을 관객에게 보여준 것이었다.

그러므로 우선 〈의미〉가 무대 위에 나타나지 않으면 안 된다. 게다가 그것이 무조건적으로 의미를 가지는 것이 아니라 하나의 약속, 이미 만들어진 습관이나 풍속에 지나지 않는 것으로 〈눈에 보이지 않는〉 것처럼 구성되지 않으면 안 된다. 그 방법은 어떠한 의미를 가지는 움직임을, 그 의미를 조금은 믿지 않는다는 인상을 지우고 제시하는 것이다. 즉 제시는 이중구조가 된다.

잘 알려진 바와 같이 의미를 가지는 움직임 그리고 그것을 냉정하게 바라보는 컨텍스트(context: 상황), 표면적으로는 그것은 과거의 무용형식의 인용과 그 형식과 부합하지 않는 상황이라는 형태를 취한다. 이때 샤프의 무용은 레벤의 말과 같이 〈무용형식에 대한 무용〉으로서 이러한 의미에서 〈자기언급〉이라는 고차원적 행위가 된다. 예를 들면 샵을 하룻밤에 유명하게 했다고 일컬어지는 〈쥬스, 구빼〉에서는 무대 위에서 클래식 발레와 젊은이의 〈포크〉 사교댄스가 동시에 병행되어 추어진다. 관객은 어쨌든 동화될 수 없다.

그곳에는 통일적인 〈클래식 발레의 세계〉도 〈포크 댄스의 세계〉도 성립될 수 없기 때문이다. 그리하여 관객은 어느 쪽이나 움직이는 하나의 형식에 지나지 않는다는 빈정거림이 대두되었다. 커닝 햄이 알 수 없는 동작을 만들었다고 한다면 삽은 익숙한 동작을 알 수 없는 자세로 변환하여 보여준 것이다. 브레히트의 단어를 빌어 이것을 '이화효과'라고 불러도 좋을 것이다.

나 자신이 샤프의 작품을 대면한 것은 '수박 겉핥기'에 지나지 않지만, 여기에서는 1920년대의 아메리카 댄스를 인용하면서 그것에 약간의 변형을 가한 것이었다. 동작을 과장하기도 하고 원래 기력 좋은 댄스를 스텝이나 모양은 거의 그대로 둔 채 맥 빠진 자세로 춤춰 보이는 것이다. 이것은 이제 노스탤지어의 감동 등을 주지는 못할 것이다. 오히려 향수 어린 것의 부정이다. 사람들은 위세 당당한 댄스에 의해 아메리카가 젊고 건강한 시대를 회상할지도 모른다.

그것은 노스탤지어이다. 그러나 정말로 회상의 근간을 이루어야 할 원기 완성함을 부정하면서 그 기호인 스텝만을 충실하게 밟아보여 줄 때, 사람들은 오히려 자기의 기억이 유린된 것을 느끼지 않을까?

그리고 만일 〈포스터 모던 댄스〉라는 용어를 이처럼 고차원적인 행위로서, 〈의미 시스템〉에서 해탈을 초래하는 무용이라고 한다면 단순히 의미의 비 성립을 추구하고자 전체성의 해체에 머무는 커닝햄의 무용은 포스터 모던 댄스라 불려지지 않을 것이다. 가령 커닝햄없는 포스터 모더니즘은 있을 수 없었을 것이다.

포스터 모더니즘을 이와 같이 생각한다면 이것은 포스터 모더니즘이라고도 불리워지는 것의 어떤 현대의 새로운 계몽주의와 궤도를 같이한 것이다. 이전의 계몽주의가 종교적 형이상학적인 사유제도에서 사람들을 해방시키고 자유와 합리성이라는 새로운 빛을 초래했다고 한다면 새로운 계몽주의는 사람이 늘 이미 속하고 있는 의미의 제도에서 사람들을 해방시키려고 하는 것이다.

부정할 수 없는 것은 허위의식이라든가 물건화라든가 패러다임(paradigm: 모범) 등으로 다양하게 불려 지지만 요컨대, 우리들이 〈의미〉라는 것을 찾을 때의 경계 그 자체라고도 해도 좋다. 이때 예술은 스스로의 사유제도를 자각(대자화)하기 위해 교육적으로 취해진다. 예술은 이제 수용자에게 의미를 부여하지 않는다.

수용자 내부 기강으로서 어떤 의미 인식의 시스템을 반성시켜 그 허구성을 자각시키고 그곳에서 해탈시킬 것이다. 그 방법으로는 기존의 의미 시스템이 일단 작동하도록 무엇인가를 제시하는 것, 그리고 동시에 그 시스템의 한계를 보고 취하는 고차원적 시점을 환기할 것이 요청된다. 따라서 〈인용〉이라는 기법이 거의 불가피하다.

또한 그 인용된 것을 본래의 상황과는 전혀 다른 상황에 두는 것이 필요해진다. 즉, 패러디의 방법에 접근한다(실제로 그 경계를 정하는 것은 어렵다). 드샹의 〈선〉을 패러디라 말하는 것은 불가능한 것은 아니며, 또한 이어네스코는 그의 처녀작 〈대머리 여가수〉에 대하여 〈연극의 패러디이자, 동시에 인간이 어떤 종류의 태도에 대한 패러디(parody: 서투른 모방)에서도 있을 것이라고 했다〉고 스스로 얘기하고 있다.

그의 연극은 우리들 일상의 단면을 과장함으로써 우리들이 자명하다고 생각하고 있는 일상생활 양식의 허구성을 폭로한다는 의미에서 정말 〈탈구책〉인 연극이지만.

그러나 이 새로운 계몽주의는 우리들을 밝은 곳으로 인도하지는 못한다. 도대체 어디로 가는 것인지는 누구도 알지 못한다. 케에르케고르의 미적생활자와 같이 취하기를 거부하고, 취하지 않으려고 한 나머지 오로지 흥이 깨지지 않을까? 또는 양파껍질을 벗기듯이 무한한 자기 부정을 거듭하게 되지나 않을까? 게다가 양파에 싹이 있듯이 근본적인 의미와 부딪히는 일도 있을 것이다.

실제 리벤의 시원주의는 초기의 표현주의나 초현실주의와는 달리 새로운 계몽주의를 일단 빠져나갔다.

근대에서 단순히 반이성(反理性: logos)으로서의 정념(情念: pathos), 반정신으로서의 육체, 반 지성으로서의 감성, 반근대적 자아로서의 공동성, 반 현실원칙으로서의 쾌락원칙 등등을 대치하는 반 근대주의는 위조물의 의미에 본질적인 의미를 대치하고 시원이나 신체를 탐구하면 그것이 발견되는 낙관인데 지나지 않는다. 그것은 말하자면 안티 크리스티(antichrist)라는 이름의 또 하나의 종교에 지나지 않는다.

포스터 모더니즘이란 양자를 부정하는 니히리즘을 전제로 하고 있다. 반근대는 필경 근대의 대체물로서의 귀의의 대상에 지나지 않는다. 포스터 모더니즘은 그와 같은 귀의의 대상을 고차원적으로 그것을 조작하여 약간 바꿈으로써 그 어리석음을 밖으로 드러내어 그것에 대한 신앙을 없애도록 하는 것이다.

그다음 근원전인 의미를 또 하나 이야기한다면 그것은 고차원적 시점의 불가능한 절대성을 체결하지 않으면 안 될 것이다. 즉 대상화하여 파악할 수 없는 것, 제도로서 유통하는 것이 불가능한 것이 아니면 안 된다. 만일 그와 같은 것이었다고 한다면 그것은 아마 그 상태의 그 장소라고 한다면 확실한 체험일 수밖에 없을 것이다.

레벤이 마지막으로 얘기하는 것은 정말 그와 같은 명백한 증거로서의, 무엇인가의 등장 또한 〈존재〉그 자체가 드러나는 사태이다.

의미의 해체는 의미의 시스템 또는 의미 성립의 근거를 해체함으로써 행해진다. 그러면 예술을 돌아보며 사람은 다시 새로운 의미의 근원을 찾는다.

정면한 질서로서의 우주가 억지로 만들어지기 이전의 무질서(chaos), 본질이 변질되기 이전의 존재에 새로운 〈진리〉란 의미의 원천이 설정된다. 그러나 제도화 할 수 없는 〈경험〉에 대한 주장들 통용될 때, 짓궂게도 그 〈言說〉은 늘 또 다른 제도가 되어 버린다.

신 계몽주의는 다시 그 새로운 〈우주/무질서〉이야기를 해체해 보일 것이다, 라는 두 항목의 대립을 낳는 제도적인 장치를 파헤치는 것은 익숙한 자에게는 조작도 없는 것이다. 이리하여 허락 하에 기원을 찾는 운동과 〈기원〉의 관념이 허망으로 해탈하려고 하는 운동이란 달팽이처럼 빙빙 돌고 도는 것이 아닐까?

Chapter 6

신체의 위상

1. 내적인 감상과 외적인 표현

무용론은 예술론 중에서도 뒤진 분야이다. 근대의 시작과 무용을 논하는 사람은 이미 다른 장르에서 얘기되어 온 도식(圖式)을 무용에 전용하는 일이 많았다. 그것도 본래 장르에서는 시대 뒤떨어짐과 발을 맞춰 온 도식을 활용한 것이다. 그 일례가 무용이란 직접적인 자기 표현이라고 설명하는 설이다.

스잔 랑거에 의하면 이 설을 이사도라 던컨을 위시하여 많은 무용가에서 루돌프 본 라반과 같은 이론가 그리고 쿨트, 작스와 같은 학자에 이르기까지 입을 모아 주창했다고 한다. 이것은 예술이란 자기 내부에 있는 것을 무언가의 모체에 의해 표현됨으로써 그 모체가 언어, 그림도구, 음향 등의 모든 것에 의해 장르가 나뉘어진다고 하는 도식을 그대로 무용에 적용함에 지나지 않는다. 즉, 무용이란 자기 내부에 있는 잉여 에너지의 성립, 감정 성립의 〈신체를 모체로 한 표현〉이다, 라는 뜻이다.

그러나 마고리스도 말했듯이 신체란 음악가에게 바이올린이나 화가에게 그림도구란 말과 다를 것이다. 신체란 무용수에게는 자기 자신이자 관객에게는 살아 있는 다른 사람이다. 그리고 그 동작은 음향이나 도형처럼 논할 수 없다. 왜냐하면 그것은 기호이기 이전에 신체운영이라는 '살아있는 것'의 일부이기 때문이다. 요컨대 신체는 보통 의미의 매체는 아니다, 라고 한다면 신체는 무용에서 어떠한 위상에 있는 것일까?

시점은 두 가지일 것이다. 하나는 무용수에게 자기 신체란 무엇이냐 하는 것이고 다른 하나는 관객에게 무용수의 신체는 무엇일까? 라는 것이다. 신체를 표현 매체로 한다면 이 두 가지 문제는 동시에 해결된다. 게다가 매체라는 견해를 멀리했을 때, 이 두 가지 문제는 서로 다른 문제가 되면서 또한 이 양자를 어떻게 결부 시킬까 하는 제3의 문제가 발생할 것이다.

무용수는 신체를(그리고 그 움직임) 내부에서 느끼고 관객은 외부에서 본다. 이 내부와 외부를 엄선한 사람이 사릿지와 아미라고스이다. 그녀들은 이른바 〈표현〉이란 오로지 외적인 현상(관객이 지각하는 효과)으로서, 내적인 것(무용수의 신체 운동감각)과는 관계가 없다.

예를 들면 외적으로는 자연스럽고 우수하고 아름답게 보이는 움직임이 내측에서는 부자연스런 근육의 완강한 버팀에 지나지 않는 일도 있을 것이다. 그리고 사릿지와 아미라고스는 원리적으로는 관계가 없는 내측과 외측을 결부 짖기 위해 〈형식(style)〉이라는 매개체를 등장시킨다. 〈형식〉이란 무용수에게 미리 상상 속에 이상형으로서 파악되어있는 종류의 〈신체를 움직이는 법〉이다. 발레에는 발레의, 한국무용에는 한국무용의 〈형식〉이 있다.

무용수는 이 〈형식〉을 실현해야 할 신체를 다루는 것이다. 한편 관객에게 이 〈형식〉은 어떤 독특한 효과를 가지고 있다. 그것은 일상적으로 〈표현〉이라 얘기한다면 걸맞을 것이다. 즉 무용수는 자기 내부에 있는 것을 표현하는 것뿐만 아니라 어떤 표현을 가지는 〈형식〉을 현실화함으로써 관객에게 어떤 감명을 주는 것이다.

물론, 무용수는(혹은 안무가는) 어떤 〈형식〉이 어떤 표현효과를 가지는지 알고 있다. 다만 그 〈형식〉이 외적으로 관객에게 지각되는 것과 내적으로 신체 운동감각으로써 움직이는 것은 다른 것이다. 이리하여 무용의 안과 밖은 〈형식〉에 의해 결부되어진다.

무용수는 자기 움직임의 외적인 효과를 의식하면서 동시에 그것과는 내적인 감각을 느끼며 어떤 〈형식〉을 묘사한다는 듯이다.

여기서 문제가 되는 것은 〈형식〉이라는 개념의 애매함이다. 그것은 발레라는 장르의 양식에서 무용수 고유의 버릇과 같은 것까지를 포함하기 때문이다.

사릿지와 아미라고스는 이것을 이분하여 일반적으로 확립되어져 있는 것(예를 들면 〈로열발레의 형식〉)을 〈형식 1〉, 개인적 특징에 속하는 것을 〈형식 2〉로 부르고 있지만 그 경계는 확실히 애매하다. 그녀들도 인정하고 있듯이 개인적 특징에서 생겨난 것이 로열발레로 격상되어 온 것이 무용의 역사이라는 면을 부정할 수 없기 때문이다.

그러나 더욱 문제가 되는 것은 개인적 특징이 객관적인 것으로 공유되어지는 것이다. 만일 움직이는 어휘(vocabulary)가 또한 그 움직임의 이상적인 형태가 어떤 것인지에 대해서(즉 형식 1에 대하여) 완전히 공통된 지식이 성립되어 있다고 한다면 그것은 기보(記譜)가 가능하다.

그리고 무용수가 오직 실현하고자 노력하는 대상이 〈형식 1〉의 어휘와 문법에 의해 스스로의 〈작품〉을 나타내는 것이 가능하고 또한 무용수가 그것을 충실하게 실현한다면 〈형식 2〉의 왜곡이 허용의 범위 내에 있다면 관객은 그 안무가의 의도대로 효과(표현!)를 받아들일 수 있다. 이때 무용이란 음악이나 연극과 마찬가지 어느 자가의 〈작품〉을 다른 인물 공연자가 실현하는 예술이 된다. 즉, 굿맨이 말하는 〈아로그래프(타자저명)〉인 예술이다.

따라서 복수의 퍼포먼스가 같은 무용보의 상연이라면 그것은 동일 작품의 다른 상연에 지나지 않는 것이 된다. 여기서 〈작품의 동일성〉이란 역시 주제가 문제가 되는 것이지만 여기서 지적해 두지 않으면 안 되는 것은 이설에 〈안무가〉라는 요소를 도입해 보면 내용을 기호화하는 작자 안무가와 기호 매체인 작품과 내용을 해독하는 관객이라는 전달 표현론의 도식이 되살아나 버린다는 것이다.

게다가 이때, 무용수의 신체는 작품의 소재에 지나지 않는다. 가령 무용수가 표현내용을 느끼고 있지 않더라도 그것은 캔버스나 바이올린이 표시 내용을 지각하지 않는 것과 마찬가지로 〈작자의 자기표현〉이라는 도식으로서 아무런 장해도 아니다. 안무가는 시인이 자기감정을 언어로 나타내듯이 〈형식 1〉에 속하는 언어에 의해 자기를 표현한다는 뜻이다. 이렇다면 무용수는 개성의 왜곡에 대해 안무가 (또는 지도자(instructor))에게 반성을 촉구하면서 작자의 의도를 충실히 재현하기 위한 악기에 영합해버릴 것이다.

〈표현〉은 무용수를 뛰어넘어 작자와 관객사이의 커뮤니케이션으로 완결되어질 것이다.

이것에 대해 무용수 자신의 육체에서 표현의 근원을 찾은 사람이 아미라고스이다. 그는 무용을 작자 안무가의 작품을 무용수가 재현하는 것(아로그래프적 예술)이라고 생각하지 않는다.

어느 무용의 퍼포먼스가 작품이라고 한다면 그것은 안무가의 것인 이상, 무용수의 것이라고도 생각한다(굿맨이란 용어를 사용한다면 〈오토 그래프(자기 저명적)〉이다). 왜냐하면 무용이 표현력을 가진다고 한다면 그것은 무엇보다도 우선 무용수 개인의 육체가 가지는 표현성에 의한 것이기 때문이다.

안무가의 기보는 〈형식〉의 지정이 있다곤 하나 당시 춤의 가치를 결정하는 것은 아니다. 춤의 예술적인 가치는 그 정도로 추는 육체가 어떤 표현력을 지녔는지에 의한 것이기 때문이다. 그 표현성은 그렇다면 어디에서 오는 것일까 마고리스는 이것을 생물적 규정과 문화적 규정의 교점에서 생긴 고유의 특성이며 그 배호에는 무용수 자신의 생의 경험이 깔려 있다고 한다.

실제로 어느 춤이 관객에게 주는 인상에 대하여 이 설명은 설득력이었다. 그러나 이것은 신체의 외면적인 이야기이다. 그렇다면 내면 즉 무용수의 감상에서는 어떠할까? 여기서 마고리스는 멜로 폰티 신체론에 의거한다. 육체는 지각과 운동에 의해 외부세계로부터 자신을 적합 시키려고 함으로써 독자적으로 영위하고 있다. 그것은 육체자신의 지향적인 운동이며 그로인해 오토그래프적이고 아로그래프적(즉 지정된 형식의 재현)은 아니다. 그리고 육체가 표현성을 가진 것은 이 레벨에서 이고 형식의 레벨에서는 아니라고 생각하는 것이다.

여기에서 무용수 육체의 영위(내측)와 관객의 지각하는 표현성(외적)과의 관계는 지금 또한 명확하지 않다. 만일 관계가 없다고 한다면 사릿지와 아미라고스의 시도에 안팎 구별은 되어지지만, 무용수의 노력이 표현적 가치와 결부될지 어떨지는 아주 우연에 그친다. 만일 관계한다고 한다면 이것은 종래의 표현설에 있어서 무용수의 〈감정〉이나 '잉여에너지' 대신에 〈육체의 영위〉를 대치한 것으로 되어 안팎의 동일성이 되살아나 수정 표현설의 일종으로 되어 버렸다.

아마 문제는 어떤 부여된 〈작품〉을 공연한다는 무용가의 목적의식에 의거하여 아로그래프적 노력과 세계와 신체를 펼쳐가는 일회적 개인적 관계라는 오토그래프적 영위와의 매듭을 어떻게 지을까라는 것에 있다. 안무가의 〈작품〉을 공연하는 일상적인 춤에서 내면에 주목했다면 그것은 육체의 영위라기 보다도 (적어도 의식적으로 는 〈형식〉의 실현 노력이라고 하는 사릿지와 마고리스의 설명 편이 현실적으로 보일 것이다).

그리고 만일 마고리스가 그 경우는 〈형식〉의 실현을 노리면서도 동시에 육체의 영위가 행해지고 있을 것이라고 말한다면 지금은 그와 같은 육체의 영위는 일상생활의 모든 장면에서 역시 동시에 행해지고 있을 것이며 무용독자의 표현성의 근거는 어디에 있는 것일까? 라는 것으로 되어 버릴 것이다(사릿지와 아미라고스론의 출발은 애초 일상적인 동작을 가지는 표현과 무용 표현과의 차이라는 것에 있다). 그렇다면 무용의 내적인 육체의 일회적 개인적 영위에서 파악하려고 하는 시점은 목표외의 것일까? 결코 그렇지는 않다.

여기서 육체의 영위로서의 무용이란 현상을 본격적으로 다룬 것이

맥신 시츠의 논고이다. 시츠는 용의주도하게도 〈형식〉의 실현을 노력의 대상으로 하는 필요 없는 장면을 설정한다. 즉 즉흥무용이다. 이것은 기보(記譜)된 작품의 재현은 아니다. 순간마다 스스로의 운동을 창조하지 않으면 안 되는 문자 그대로의 육체의 영위이다.

게다가 즉흥 무용에서의 육체의 영위는 결코 일상의 동작과 같은 것은 아니다. 왜냐하면 투자는 어떤 목적을 가지는 행동인지 어떤 의미를 전달하는 기호인지 어느 현실 상태를 나타내는 신호인데 비해, 즉흥무용은 일단 목적이나 의미에서 해방된 순수한 육체의 영위일 수 있기 때문이다. 그것은 거의 멜로 폰티 신체론의 실험실에서 실청되었다고 해도 좋을 것이다.

무엇보다도 즉흥무용은 무용일반과는 동떨어진 특수한 경우이고, 이것을 논하는 것은 무용미학에서 중요성을 가지지 않은 것은 아닐까? 라고 생각하는 경향도 있을지도 모른다. 그래서 좀 우회적이지만 즉흥무용이 현대 예술론에서 가지는 의의에 대해서 조금 설명을 해두었으면 한다. 그것은 〈작품동일성〉 등이라고 말할 경우의 '작품'의 개념에 관한 것이다.

2. 신체적 의미(logos)

'예술'이라는 개념은 '작품'이라는 관념을 중심으로 하고 있다. 작품을 만드는 감상하는 보존하고 연구하는 그러한 것이 예술을 에워싼 현상이다. 게다가 작품에는 두 가지 방법이 있다. 회화나 조작과 같이 즉, 유일무이의 실체로서 존재하고 있는 것과 음악이나 연극과 같이 누군가가 그때마다 실체화하는 필요 있는 것이다.(전자가 오토그래프적 예술, 후자가 아로그래프적 예술). 그러나 연주가나 연출이 다르다면 음악이나 연극의 효과는 매번 달라진다는 사실에서 후자의 경우 〈작품의 동일성〉이 문제가 되어진다.

느낌이 다른 두 가지 연주를 동일 작품으로 간주해도 좋을 것인가 좋다고 한다면 그 기준은 무엇인가라는 문제이다. 여기서 당연히 원래 '작품'이란 무엇일까? 라는 의문이 생긴다. 만일 연주의 결과 발생한 물리적 음향이란 실체를 작품으로 간주한다면 연주할 때마다 다른 작품이 가능하게 된다.

그러나 보통은 〈작품이란 비실체적〉인 것이어서 작곡가는 이것을 불완전한 기호를 사용하여 기록에 남겼다고 생각되는 것 같다. 이 경우 〈작품〉은 작곡가에 의해 머릿속에 창조되었을 때에 가능한 다만 하나의 것이 된다. 연주가는 악보에서 그것을 자기 머릿속에 복원하여(여기에서 해석이라는 왜곡이 들어간다), 악기에 의해 실체화한다는 뜻이다. 그리고 청중은 다양한 연주를 들으면서도 그 물리적 음향, 작곡가가 창조한 원래의 '작품'을 생각한 것이다 라는 뜻이다. 이 사고의 이점은 '작품'이란 작가에 의해 창조된 유일무이의 것이라고 하는 회화 등과 공통의 테두리를 유지할 수 있는 것이다.

이것은 물론 연극에도 적용할 수 있다. 실체를 향한 눈에 보이지 않는 이념(idee), 비존재 이상과 같은 것을 〈작품〉으로 간주한다면 다양한 연주, 연출 연기를 위해 늘 동일한 〈작품〉이 있다고 생각할 수 있다. 이때 연주가나 배우는 이미 비실체적으로 존재하는 작품을 그때마다 실체에 의해 '재현'할 수 있을 정도가 된다.

얼핏 생각하면, 무용도 같은 작품관을 적용할 수 있으리라고 생각한다. 과연 기보법은 현재 악보나 희곡에 비해 불완전하다고 해도 안무가는 시범연기라든가 지도로써 더욱 유효한 방법으로 머릿속의 이미지를 전할 수 있으며, 발레와 같이 움직이는 어휘가 거의 고정되어 있는 분야에서는 단어로 설명하는 것조차 어느 정도 가능하다.

그러나 예를 들면 우리들은 〈백조의 호수〉를 보는데 그것이 프티파의 〈작품〉이라는 식으로 적어도 제 9가 베토벤의 작품이고, 햄릿이 셰익스피어의 작품이라는 것과 같은 정도로는 생각할 수 없는 것이 현실이다.

오히려 우리들의 관심은 무용수가 누군지에게 있을 것이다. 그래서 무용이 아로그래프적이라고 하기 어려운 점이다. 그렇지만 또한 바쟈르와 피나 바우쉬의 〈봄의 제전〉의 차이를 얘기할 때, 우리들은 그러한 것이 으선, 안무가의 작품이라는 것을 의심치 않고 있다. 이 점에서 무용 오토그래프적이라고도 할 수 없는 점이 있다. 이와 같은 모순은 다분히 〈작품〉이라는 관념을 무용으로 무리하게 적용하고 있다.

현대 예술이 〈예술〉이라는 관념을 의문시하기 시작했을 때, 당연히 유일무이(唯一無二)하게 동일성을 유지한다는 〈작품〉의 관념도 또한 재검토 대상이 되었다.

레디 메이드(ready made)를 사용한 두상은 그 선구자였지만 이것은 유일무이한 〈관념〉을 작품으로 간주한다는 해석을 하여 이윽고 〈개념상의(conceptual) 아트(art)〉라는 양식이 생겼다. 이것이 두상의 본의였는지 어떤지는 모르지만 어쨌든 적어도 미술작품에서 실체를 박탈하는 결과를 가져왔다고 할 수 있을 것이다.

그러나 '작품'이라는 관념 자체를 붕괴시킨 것은 해프닝(happening)

으로 알려진 퍼포먼스 〈미술〉이었다(이제 〈미술〉에서는 없어서는 안 될 분야이지만 적어도 미술가에 의한 미술 운동의 일환으로 생겨난 것이다).

유화의 〈모나리자〉는 작품이지만 그 구상은 아직 작품은 아니듯이 사건(happening) 상상이나 수단은 되어도 작품은 아니다. 그 퍼포먼스가 작품에 해당하는 것이다. 게다가 이 작품은 발생과 동시에 소멸한다는 일회성 때문에 보존할 수도 없으며 재현할 수도 없다(재현한다면 그것은 〈다른 해프닝〉이 되든지 각본에 의한 연극이라는 ?해프닝 이외의 것으로 되어 버린다). 즉, 적어도 〈작품의 동일성〉을 논하는 것과 같은 의미에서의 〈작품〉은 이제 없다.

그런데 무용 분야에서는 이 해프닝에 걸 맞는 것이 하나의 방식으로 공인되어 있다. 즉 즉흥무용이다 미리 어느 정도의 시작과 마무리(음악이나 장치를 포함하여)가 준비되어졌다고 하더라도 무엇이 실현되었는지는 무용가로서도 예측할 수 없다.

〈작품〉이 미리 어딘가에 이념(Idee)내지 이미지로 이미 내재해 있다는 뜻은 아니다 또한 이것은 재연(再演)할 수 있는 것도 아니다(재연된 것은 이제 즉흥무용이 아니므로 가령 외형은 같더라도 처음과 다른 〈작품〉으로 간주되지 않으면 안 된다. 복싱시합과 그 흉내에 의한 재현이 다르듯이). 과거도 미래도 없는 〈지금 이곳〉만이 가능한 것이다.

오늘날, 무용이나 연극과는 다른 새로운 유형으로써 〈퍼포먼스〉가 얘기되어지는데 이것은 미술가의 해프닝이나 즉흥무용의 연장으로 생각해도 좋지 않을까? (무엇보다도 기존의 장르 분류에 있어서는 옳지 않기 때문에 연극이나 오페라나 콘서트나 미술이나 무용을 총 집합한 것을 〈퍼포먼스〉라 부르는 사람도 있다. 그와 같은 사람은 다분히 처음으로 재주나 서커스를 본다면 이것도 〈퍼포먼스〉라 부를 것이다.

어쨌든, 즉흥무용은 〈작품제작〉이라든가 이전에 존재하는 〈작품의 재현〉이란 관념을 극복하기 위한 형태이다.

시츠는 이 즉흥무용을 실험실에서 신체의 예술이라는 것의 가장 순수한 형태를 찾으려고 한다. 시츠는 우선 즉흥무용이 최종적으로 어느 작품을 남기기 위한 것이 아니라 그 과정자체가 전부라는 것, 즉 다시 말하면 무엇인가를 창조하는 것이 아니라 다만 창조의 과정을 영위하는 것이 자기 목적임을 확인한다.

게다가 이 영위는 정말 창조이고 이미 존재하는 것의 재현이 아니라는 것, 게다가 과거에 창조된 것의 재현이 아닐 뿐만 아니라 그 과정에서도 어떻게 움직일지를 염두에 두기 때문에 육체가 그것을 현실화한다는 형태를 취하지 않고(만일 취한다면 아로그래프 모델의 시간단축 판에 지나지 않는다), 정말로 생각하는 것과 움직이는 것이 비분리임을 확인했다.

시츠는 정신과 신체가 사고와 운동이라는 두 가지 기능을 분담하고 있다는 속설을 부정하고 즉흥무용을 경우, 신체가 움직이면서 생각한다고 간주한다. 정신이 움직임에 대해서 생각하고 신체가 그것을 실행한다는 것에는 만족하지 않는다.

이와 같은 생각에 앞서 우리들은 프랑스의 심리학자 앙리 와롱을 기억할 것이다. 그는 저서 〈행동에서 사고로〉 (역 〈인식과정의 심리학〉) 중에서 동물이나 유아에게 보여 지는 실천적인 〈장면의 지능〉에 대하여 얘기하고 있다.

유아는 우선 자기 행동의 상관물로서 자기가 살고 있는 장소를 체제화해 가고 있지만 이것은 지식이라기보다는 행동의 일부이어서 지적 인식을 살리는 시기는 좀 더 성장을 하고나서라고 한다.

이 〈장면의 지능〉은 주객미분화, 자기의 생과 함께 움직이고 전개해가는 전체의 직관이자 신체 실천의 일면인 것이다.

객관적 인식이 가능하게 된 것은 유아는 그 전에 주객미분화를 일으키지 않으면 안 된다.

멜로 퐁티는 이 와룡설에 근거하여 그의 신체론을 전개했다. 신체는 주객 미분화의 장을 살아가는 것으로 어떤 의미에서 세계는 자기 신체의 연장으로서 불가분이다.

다시 말하면 자기의 신체는 세계 신체의 일부분이고, 자기 운동과 함께 세계의 신체도 또한 전환해가는 것이다. 세계라는 하나의 장이 움직이고 있으며 그것은 단절한다면 자타(自他)라든가 주객(主客)이라는 항의 구별이 가능하다고 말하는 편이 좋을지도 모른다.

이와 같이 생각해볼 때 이제 정신이 사고하고 신체가 운동한다는 이차론은 도움이 되지 않을 것이다.

신체는 그 자체로 세계의 한 중심으로서 행동하고 감지와 운동은 이 실천의 두 가지 면이지만 이제 엄격하게 구별할 수 없다. 사고와 운동도 또한 구별할 수 없다. 사고를 의식 내부에서 개념을 조작하는 것으로 생각한다면 운동은 신체의 사고양식의 하나인 것이다.

시츠는 여기에서 〈신체적 의미〉라는 개념을 세웠다. 그것은 정신적 로고스의 같은 정도이지만 사람이 세계를 직접 살고 있을 때(그 세계는 개념에 따라 파악되어진 세계가 아니라 실존의 장, 신체로서의 세계이지만) 정말로 움직이고 있는 것은 이 신체적 의미인 것이다. 오히려 정신적 의미란 이 신체적 의미의 움직임의 일부가 과장된 것이라고 할 수 있을지도 모른다.

시츠는 즉흥무용이야말로 이와 같은 신체의 본래 영위를 전형적으로 실현하고 있다고 생각한다. 그것은 신체가 운동이라는 형태로 얼마나 사고하고 감지하고 창조해갈지를 관객 앞에서 드러낸다. 사람은 기호에 충족된 세계를 탈피하고 실존의 세계로 돌아온다. 그리고 신체적 의미에 근거하여 근원적 창조력을 발견할 수 있다는 것이다.

무용에서 신체를 이와 같은 멜로 폰티 신체로 파악하는 것은 실은 시츠만은 아니다. 레벤도 마고리스도 사릿지와 아미라고스 조차도 그녀들은 시츠를 인용하고 있다. 공통적으로 보여지는 형태의 정석이다. 확실히 우리들은 신체라는 것의 의의를 찾으려할 때, 멜로 폰티의 신체론은 피해갈 수는 없다. 그러나 그렇다고 해서 시츠와 같이 느닷없이 신체적 의미에 의거한 근원적 창조력을 얘기하는 것은 약간 절차에 비약이 있는 것처럼 생각된다. 왜냐하면 시츠가 말한 신체의 실존적 영위는 무용가 내면의 현상 이어서 외면의 관객에게 남는 문제는 여전히 해결되지 못했기 때문이다.

무용가 신체의 근원적인 영위로 즉흥무용이 관객에게 무언가의 〈창조〉토서 보여지는 것은 어떤 구성에 의한 것일까? 가 얘기되어지지 않으면 안 된다. 그러나 여기에서는 이미 〈형식〉의 개념은 도움이 되지 않는다. 〈형식〉이란 미리 의식되어 있는 제도적인 움직임의 패턴이기 때문이다. 신체의 움직임이 관객에게 이미 하고 있는 것은 무엇일까? 이리하여 신체의 의미작용에 대한 문제가 다시 남게 된다.

Chapter 7

신체의 기호편

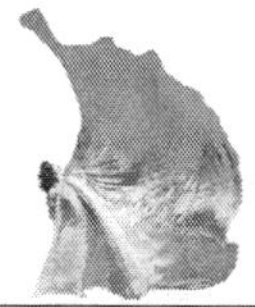

1. 동작의 의미

예술작품은 평상시 물질적인 사물로서 우선 제시된다. 그러나 우리들이 그것에서 언급하는 것은 일종의 의미이다. 양자 사이에는 존재적인 위상차가 있다. 이것을 이을 고리를 발견하지 않으면 작품의 '외면'의 작용은 설명할 수 없다.

물론 일반적인 인식에도 마찬가지의 문제는 있다. 예를 들면 눈앞에 움직이는 한 물체를 〈이것은 개다〉라고 말할 때, 우리들 세상에 하나 밖에 존재하지 않는다. 〈이것〉(특수)을 많은 물체에 적합한 〈개〉라는 관념(보편)으로 환원하고 있기 때문으로 그것에는 특수를 보편으로 포장한다. 구체적 예를 기존의 유형의 일례로 처리한다는 판단장치가 있다. 또는 적신호를 보고 멈출 때, 우리들은 그 신호를 위험내지 금지를 나타내는 기호로 인식했기 때문에 여기서는 기존의 규약에 따라서 기호를 해독한다는 절차가 전제되어 있다.

그렇다면 예술의 경우 우리들이 작품의 의미들 인식한다는 것은 어떤 것일까? 생각해야 할 것은 두 가지이다. 우선 작품 향유를 위한 입문서를 조사하여 그 여러 가지 위상을 구별하는 것이다. 이어서 그 위상간의 관계를 조사하는 것이다.

예를 들면 소슐러의 언어론에서 언어에는 청각영상과 개념이라는 두 가지 위상이 있는데 그 관계는 〈의미하는 것〉과 〈의미되는 것〉의 관계, 즉 의미 작용이라고 한다.

예술에서 위상의 구별은 여러 가지로 이루어져 있다. 예를 들면 하버드 리드는 지각된 재료, 구성된 형태, 표현된 존재의 세 단계로 구분하고, 엔티엔 슬리오는 물리학적 존재, 현상적 존재, 사물적 존재, 초월적 존재의 네 계층으로 나누었으며, 니콜라이 하트만은 실재적 전경과 이상적 후경의 두 가지로 크게 나눈 다음, 또한 후경을 보다 구체적인 것에서 보다 보편적인 것까지 여러 가지 층질서를 설정했다(이전부터 있는 소재와 형상이라든가 형식과 내용이라는 구별도 이 일례라고 생각해도 좋다).

그런데, 기호론이나 언어학의 발전과 더불어 그 방법론을 예술에 이용할 수는 없을까라는 발상이 나온다. 예를 들면 매체와 의미의 기호관계, 언어의 의미와 문장의 의미와의 계층 관계 또는 문장의 의미와 말로 표현하는 것의 의미묘사의 말과 약속의 말 사이에 있는 언어행위론적 구별, 즉, 이와 같은 위상 관계가 예술현상에도 있지 않을까? 라는 뜻이다. 이러한 시도의 하나가 카우챠트리얀의 연구이다.

그는 실행(performance)에서 네 가지 위상을 구별한다. 생리적 소재로서의 신체, 형식으로서의 움직임(movement), 그것이 나타내는 의미로서의 작품·시나리오로서의 액션 그리고 줄거리서의 행동('플롯트(plot)'로서의 액션)이다. 그는 랭거와 마찬가지로 그리고 다른 장르에서의 많은 예술이론과 마찬가지로 무용예술은 형식내지 이미지의 레벨(즉 비실재적 위상)이 존립하고 있다고 생각하고 신체를 무용의 일부라고는 보지 않았다.

무용의 매체는 신체가 아니라 신체의 움직임으로써 그 움직임의 패턴이 무용의 요소라고 한다(이것은 미술의 요소가 그림도구가 아니라 색이나 형태라는 것과 마찬가지이며 적어도 미술은 흔히 있는 또는 있었던 상상이다).

그런데 현실생활에서는 움직임(예를 들면 어느 각도에서 팔을 움직인다), 어떤 행위(예를 들면 사람을 자극한다)의 일부이지만 연기에서는 움직임이 현실인데 비해 춤에서는 허구 상상물이다. 즉 움직임은 어떤 행위를 대리적으로 재현하는데, 지나지 않는다.

그리고 무용이란 (순수한 경우에는) 이 움직임에 의해서만 성립되는 것인데 연극이란 행위가 구성하는 줄거리에 의해 성립되는 것이라고 한다. 카우챠트리얀은 움직임과 행위의 관계(의미작용 또는 상징작용)이나 연기 행동과 현실적 행동의 차이에 대하여 성심껏 접근해가는 것인데 논고의 중심은 어느 쪽이냐 하면 무용보다도 연극에 치우치고 있다.

여기서 약간의 문제가 있다. 우선, 논리상에서 〈움직임〉이라는 것인데, 신체와의 관계는 이미지의 연속체라는 관념적인 존재이며, 행위와의 관계에서는 상상적인 행위에 대한 현실적인 존재이라는 것으로 움직임의 존재 성격이 애매하다고 하지 않을 수 없다.

또한 경험상에서의 의문은 무용에서 신체를 배제한 것이다. 게다가 움직임과 행위의 관계를 의미하는 것과, 의미되는 것의 기호관계라 보아도 좋을지도 검토의 여지가 있을 것이다. 카우챠트리안의 정성들인 분석은 무용현상의 여러 가지 위상을 생각한 다음의 기초적인 작업일 것이지만 우리들은 이제 조금 앞서 나아가지 않으면 안될 것이다.

필시 첫째로 필요한 것은 현상학적 시점의 도입이다. 우선, 무용가의 현실적 운동으로서의 움직임과 관객이 지향적으로 구성한 패턴으로서의 움직임을 구별하지 않으면 안 되기에 전자를 움직임으로 후자를 동작이라 부르도록 하자. 물론 관객이 인식하는 것은 동작이지 움직임은 아니다. 그러나 움직임이 동작을 지각시켜 동작이 행위를 한다는 과정으로 보지는 않는다.

관객이 무대 위의 줄거리에 관심을 가지고 있을 때, 카우챠트리안도 인정했듯이 동작의 인식을 제거하고 행위를 인식하는 것이다. 이것은 어떤 움직임 이전에 우리들이 동작(움직임의 패턴)을 의식하는지 행위(움직임의 의미)를 의식하는지는 우리들이 지향하는 바가 어떤 쪽에 있는가라는 선택의 문제임을 의미하고 있다.

우리들이 그것을 무용으로 보려고 할 때는 동작이 의식되고 동작을 지향할 때는 필의 각도나 속도의 패턴이 인식되며 행위를 지향할 때는 행위의 목적 사람을(자극한다) 인식되는 것이다. 이리하여 움직임과 동작 사이에는 위상의 상하관계가 있겠지만 동작과 행위는 수평관계에 있다.

동작과 행위의 관계는 의미하는 것과 의미되는 것의 관계라고는 말하기 어렵다. 필시 행위의 인식은 공연자의 움직임에 대해 우리들의 〈장면의 지능〉이 움직임으로써 행해지는 것으로 움직임의 패턴인식이라는 매개를 필요로 하지 않는 것이다.

그리고 움직임은 현실적이지만 동작은 상상적인 것이라고 생각한다면 논리적인 불이치도 없어질 것이다. 즉 무용과 연극의 차이는 위상의 상하차의 문제가 아니라 지향 차의 문제이고 그리고 구성된 의미의 종류 차이의 문제라는 것으로 된다. 이리하여 회화가 색과 형태에 의해 어떤 종류의 의미(개념적 의미와는 다른 계통의 의미)를 표현하는 것처럼 무용은 동작에 의해 어떤 종류의 의미(줄거리와는 다른 계통을 의미)를 표현하고 있다고 생각할 수 있다.

그러나 여기서도 아직 신체의 배제가 문제가 된다. 신체의 표현성이라는 것을 생각할 때 실은 소재로서의 신체와 형식으로서의 동작이라는 이분법 그 자체에 문제가 있다고 생각할 수 있다.

카우챠트리얀은 무용의 매체는 〈움직이는 신체〉가 아니라 〈신체의 움직임〉이라고 했지만, 실제는 무용의 표현성이란 〈신체의 움직임〉이 아니라 〈움직이는 신체〉에서 오는 것은 아닐까? 그리고 근본적인 차이는 기호론의 방법을 무용에 응용한다는 출발점이었던 것이 아닐까?

2. 양상적 지각

기호론은 언어이론에서 더욱 발달을 거듭했다(오히려 언어이론의 발달이 같은 수법으로 언어 이외의 모든 〈의미작용〉 현상을 분석할 수 있다는 기대를 낳아 기호론이 인기를 얻었다고나 할까). 그러므로 예술을 기호현상으로 취급하려고 할 때, 우선 생각해야 하는 것은 언어학적 테두리의 준비이다.

그래서 음소나 음운의 체계에 해당되는 것은 무엇일까? 어휘에 해당되는 것은 무엇일까? 통사구조에 해당되는 것은 무엇일까? 라는 탐색이 행해진다. 예술가는 그 어휘를 편성함으로써 작품이라는 의미하는 것?을 강구하고 수용자는 그것에서 내용이라는 〈의미되는 것〉을 해독한다. 라는 뜻이다.

일반적으로 특별히 성공했다고도 할 수 없는 이 방법론은 기보 시스템이라는 것이 있는 분야, 즉 음악과 무용에서는 상당히 잘 되었다고 보여진다. 왜냐하면 기보의 단위는 정말로 기호의 어휘에 있다고 한다면 음악과 무용은 유한 어휘의 구성에 의해 무한의미를 생산하는 예술이 되지 못하기 때문이다.

무용을 일종의 언어로 간주하는 이와 같은 의론에 정밀한 비판을 가한 것이 지프이다. 그는 통사론과 의미론 두 가지 면에서 무용에는 언어에서 보여지는 것과 같은 구조가 결여되어 있음을 확인했다. 한마디로 말하면 현상을 요소로 분해하고 그 결합의 문법이나 의미작용의 규칙을 찾는 방법은 무용의 경우 도움이 되지 않는다.

그러나 지프는 무용은 언어는 아닐지라도 일종의 심볼 체계라고 생각했다. 그렇다면 그것은 어떤 심볼 체계일까? 유감스럽게 그는 이점에 대해서는 거의 아무것도 얘기하지 않았다. 다만 움직이는 의미론적 수준에 관해서 움직임이 나타나고 있는 것은 양상적 특질이라고 얘기할 뿐이다.

우리들은 인간의 표정을 인지하는 것처럼 인간의 움직임의 양상을 인지한다. 그렇지만 그 인지구성은 해명할 수 없고 다만, 인간은 그러한 것에 반응하는 내적구조를 가지고 있다고 밖에 말할 수 없다는 것이다.

지프 논문은 언어학적 무용론을 비판하는 전반부의 주도면밀함에 비해 양상적 지각을 얘기하는 결론부는 얼마나 조잡한지 이루 말할 수 없다. 사람에 따라서는 의론의 체계를 이루지 못할지도 모른다. 그러나 나는 설령 믿지 않는다고 해도 금후의 무용론은 여기부터 출발하는 것이 좋지 않을까 생각하고 있다.

이와 같이 생각하는 것은 〈양상적 지각〉이라는 관념에 내가 미리 간직하고 있던 생각 때문일지도 모른다. 이러한 지프에 대한 개인적인 관심을 양해해 주신다면 약간의 설명을 덧붙이겠다.

이제까지 나는 레트링에 대해 아마 연구해온 때문이겠지만 레트링은 논리적 사고 회로(대신에 이것을 의미(logos)라고 부른다)를 벗어나는 것이 아니라 오히려 로고스야말로 레트링적 사고회로의 한 형태로서 더욱 가치가 있는 것이 아닐까하고 생각하게 되었다. 여기서 말하는 레트링적 사고회로는 음유나 환유의 원리로서 알려진 유사와 인접만은 아니다.

이러한 원리는 이미 각각의 의미 요소가 끊어져 존재하고 있음을 전제하고 있다. 그러나 오히려 요소를 자르고 분출하는 구성 그 자체, 예를 들면 혼돈된 땅에서 그림이란 형태를 부각한 구성이 레트링의 회로인 것이다. 그리고 레트링 회로가 우리들에게 의미의 발생이라는 지점에 이르기까지 거슬러 올라간다면 그 구성은 분해할 수 없을 것이라고도 생각하게 되었다. 그렇다면 우리들에게 〈의미〉가 나타내는 것은 무엇일까? 종래의 철학적인 언어를 빈다면 필시 세계의 분열화, 객관의 정립, 개면의 발생이란 것으로 될 것이다. 그러나 이것은 의미?라는 현상을 로고스의 테두리 속에서 다루려고 하는 것이다.

물론 나는 〈분절화〉라는 현상이 있음을 부정하는 것은 아니지만, 다만 여기서는 미학자가 찾는 〈의미〉는 어디까지나 파악할 수 없다고 생각하는 것이다.

오히려 우리들에게 기본적인 의미의 체험이란 어머니의 부재에서 오는 불안, 어둠의 공포, 비약하는 새에 대한 동경과 경애, 그러한 곳에 있는 것은 아닐까? 이와 같은 체험은 일종의 신체적 체험(멜로 폰티적 의미에서의 세계의 신체적 체험)으로 말해도 좋겠지만 이것을 기초로 여러 가지 〈의미〉가 생성되어진다고 한다면 그것을 지각하는 것은 어떤 것일까?

여기서 나는 워너의 〈양상적 지각〉이란 관념과 부딪쳤다(지프가 말한 〈형태 심리학자〉가 누구를 가리키는 지는 잘 알지 못하지만 그 〈양상적 지각〉의 의미는 워너와 마찬가지이다).

우리들이 아직 객관을 가지지 못하고 주객 미분화의 장면을 머리 속에 가지고 있을 때, 이미 세계는 어떤 양상을 가지고 있다(이때 세계의 양상과 자기의 기분은 같은 것이다). 세계가 주관과 객관으로 분화된 다음도 주관이 기분(氣分)을 가지도록 객관은 어떠한 기미(氣味)를 가지고 있다. 그것은 필시 객관이 이전의 나와 불가분이었던 것의 흔적이다. 즉, 사상은 마치 영혼을 가진 것처럼 표정을 호소하여 나에게 공감을 형성한다.

유아나 미개사회의 인간에게 많다고 일컬어지는 애니미즘(animism)은 실은 이와 같은 사상의 양상적 지각이다.

세계를 개념적으로 파악하기에 숙달된 많은 사람은 확실히 양상적 지각에 결핍되어 있다. 그러나 그 능력을 잃었다는 뜻은 아니다. 가을 저녁놀을 〈쓸쓸하다〉고 말하고 위험한 산들을 〈두렵다〉라고 말하는 사람을 양상에 대하여 이야기하고 있는 것이다. 이 경우 〈양상〉이란 거의가 本居宣長의 〈형태의 표현〉론에서 말하는 〈사물의 미(味)〉와 같다.

이른바 지적인 이식을 일단 잊어버리고 사물과 배지에서 만난다면 그리고 그것을 객체로 의미 지우려고 한다면 우리들은 주객 미분화의 장으로 돌아와 사상의 양상을 나로 하여금 느낄 수 있을 것이다. 이러한 의미에서 감정이입설을 재검토할 수도 있을 것이다. 그리고 필시 이와 같은 〈양상〉으로서의 의미야말로 우리들에게 처음으로 등장하는 의미이다. 처음에 있었던 것은 로고스는 아니다.

이와 같이 생각한다면 예술에서의 의미의 근원은 인간에게 우선 드러나는 양상적 지각에서 찾지 않으면 안 될 것이다. 그것은 본래는 세계라는 신체의 현상이라고 해도 세계를 기계로 보는 교육에 저절로 오염되어 버린 우리들에게 이 양상적 지각이 가장 단적으로 생겨나는 것은 인간신체의 표현성일 것이다. 그리고 여기에서 무용론이 현대의 예술론 중에 특권적인 지위를 차지하는 이유가 있을 것이다.

수준을 보면 알 수 있듯이 니히리즘 말에 의심할 수 없는 명백한 증거로서의 체험을 찾고 역시 신비주의 앞에 머물려고 한다면 신체와 예술이 교차하는 지점에 잠깐 머무를 수밖에 없는 것이다. 사람은 일체 인위적인 파라다임에서 해탈할 수 없을지도 모르지만 신체에서 해탈할 수는 없다.

그러므로 신체는 이미 퇴색해버린 인간에게 마지막의 의미발생의 장소가 되는 것이다. 그리고 이 신체의 표현성이 평상시 경험된 수준을 넘어 우리들을 장악할 때 그것을 예술이라 불러도 무관할 것이다.

그리고 이 경험이 확실한 것이라면 비로소 우리들은 여기에서 출발하는 의미에 대하여, 예술에 대하여 또는 세계라는 신체에 대하여 말할 수 있을 것이다.

참고문헌

올가메이나드 지음, 정옥조 옮김, 솔 출판사, 1994.

Jacqueline lesschaeve, 커닝햄의 움직임·리듬·공간, 신서관, 1987.

잭 앤더슨 지음, 서진은·허영일 옮김, 삶과 꿈 출판사, 1996.

잭 앤더슨, 발레와 현대무용, 음악지우사, 1993,

이정일, 무용사시대별, 인물별, 도서출판 금광, 1997

이찬주, 춤예술과 미학, 도서출판 금광, 2007.

댄스매거진 편, 댄스 핸드북(1), 신서관, 1991.

댄스매거진 편, 댄스 핸드복(2), 신서관, 1999.

市川 雅, 댄스의 20세기, 신서관, 1995.

영木 晶, 춤추는 세기, 신서관, 1994.

Anderson, Jack, Ballet & Modern Dance : A Concise History, Independent Pub Group, 1992.

Brown, Jean Morrison, The Vision of Modern Dance : In the Words of Its Creators, Independent Pub Group, 1998.

Schurman, Nona/ Clark, Sharon Leigh, Modern Dance Fundamentals, Princeton Book Co Pub, 1991.

Varon, Michele J., Readings in Modern Dance, Princeton Book Co Pub, 1987.

현대 무용의 역사

초판 인쇄 2021년 4월 10일
초판 발행 2021년 4월 15일

지은이 박혜란
펴낸이 진수진
펴낸곳 청풍출판사
주소 경기도 고양시 일산서구 덕이로 276번길 26-18
출판등록 2019년 10월 10일 제2019-000159호
전화 031-911-3416
팩스 031-911-3417

*낙장 및 파본은 교환해 드립니다.

*가격은 표지 뒷면에 표기되어 있습니다.